Olivier Kessler, Peter Ruch Hrsg.

Wissenschaft und Politik
Zuverlässige oder unheilige Allianz?

Olivier Kessler, Peter Ruch Hrsg.

Wissenschaft und Politik
Zuverlässige oder unheilige Allianz

Liberales Institut
1. Auflage
Zürich 2022

ISBN 978-3-952-55372-5

Umschlag: Jean-Baptiste Bernus, Liberales Institut

Korrektorat: Arnold Fröhlich

Printed in Switzerland

Für die freundliche Unterstützung dieser Publikation im
Rahmen des Projekts «Freiheit statt Technokratie»
bedankt sich das Liberale Institut bei der Aqua Solar
Foundation, Reichmuth & Co, Roman Roth sowie weiteren
Unterstützern.

INHALT

Wie die Technokratie die liberale Gesellschaft bedroht

Olivier Kessler

In unserem wissenschaftlich-technischen Zeitalter stellt sich die Frage, wie das Verhältnis von (politischer) Entscheidungsfindung und wissenschaftlicher Erkenntnis zu gestalten ist. Die Technokratisierung der Politik wird von vielen Meinungsmachern als unaufhaltsame Entwicklung dargestellt. Es werden mit Verweis auf Aussagen von Forschern und Studien Sachzwänge behauptet, die ein bestimmtes Eingreifen des Staates als «alternativlos» erscheinen lassen. Besonders augenscheinlich sind diese Tendenzen aktuell im Bereich der Gesundheitspolitik und der Klimapolitik.

Wer die behaupteten Sachzwänge bezweifelt, wird oft als «Wissenschaftsleugner» abgestempelt und aus der öffentlichen Debatte «gecancelt». Es sei solchen Kritikern abhandengekommen, etwas anzuerkennen, womit sie nicht verhandeln könnten. Es gelte, das zu akzeptieren, was die Wissenschaft bewiesen habe. Was aus wissenschaftlicher Sicht getan werden müsse, das müsse eben getan werden.

Wer sich gegen diese Notwendigkeit stelle, handle verantwortungslos. Solchen Stimmen dürfe man keinesfalls auch noch eine Plattform bieten. Soziale Medien sind deshalb bestrebt, Beiträge, die «wissenschaftlichen Befunden» widersprechen, umgehend zu löschen oder sie zumindest mit «Fake News»-Warnhinweisen zu diskreditieren. Und in vielen Massenmedien erscheinen Gegenthesen meist gar nicht erst – vermutlich aus Angst, dem diffusen Vorwurf ausgesetzt zu werden, «Verschwörungstheorien» zu verbreiten und einen entsprechenden «Shitstorm» zu ernten.

Das Hinterfragen, Anzweifeln und Erheben von Widerspruch erscheint aus dieser Perspektive, wonach wissenschaftlich angeblich alles Relevante geklärt sei, nur als lästig. Es ist schlichtweg unnötig, weiter über etwas zu diskutieren, worüber bereits Klarheit herrscht. Unnötiger Zweifel steht einer raschen Umsetzung des wissenschaftlich Empfohlenen nur im Weg, womit wertvolle Zeit verloren geht. So wird beispielsweise unter Einforderung eines Klima- oder Gesundheitsnotstands gewarnt, es müsse *sofort* etwas getan werden, sonst sei es zu spät.

Wissenschaft als quasireligiöse Autorität

Doch wer oder was ist «die Wissenschaft» überhaupt? Wer entscheidet, welche der vielen Studien nun Gewicht im öffentlichen Diskurs erhalten, welche Fachdisziplinen für eine konkrete Fragestellung als relevant erachtet werden, welche Methode die geeignete ist? Wer wählt die sogenannten «Experten» aus, die Sachzwänge behaupten und der Politik «wissenschaftliche» Handlungsanweisungen erteilen? Kann die Wissenschaft überhaupt verbindliche Vorgaben machen, wie die Politik oder der Einzelne auf bestimmte Phänomene reagieren *muss*? Das sind Fragen, die in der öffentlichen Debatte viel zu wenig diskutiert und beleuchtet werden – was angesichts der weitverbreiteten Expertengläubigkeit gravierenden Folgen zeitigt. Dies wollen wir mit diesem Sammelband ändern.

Die Instrumentalisierung der Wissenschaft für politische Zwecke ist eine Gefahr für liberale Gesellschaften. Der Einzelne soll mit Hinweis auf «wissenschaftliche Erkenntnisse» bis ins Kleinste kontrolliert und verwaltet werden, so als ob die Wissenschaft ein für alle Mal festlegen könnte, was als sakrosankt zu gelten hat und nicht mehr hinterfragt werden darf. Ein solches Verständnis hat mit der ursprünglichen Bedeutung von *Wissenschaft* nicht mehr viel zu tun: «Wissenschaft» wird so zu einer quasireligiösen Autorität erhoben, anstatt sie als eine unkorrumpierbare Methode und einen unbestechlichen Prozess zur Annäherung an die Wahrheit zu sehen. Die Verfechter eines derartigen Wissenschaftsverständnisses plädieren für den neuen Imperativ «Glaubt der Wissenschaft!» – ohne die Absurdität ihrer Forderung zu erkennen.

Der Philosoph Karl R. Popper (1902-1994) argumentierte, Wissenschaft setze nicht unhinterfragbare Glaubenssätze, sondern Thesen voraus, die falsifiziert werden könnten.[1] Wissenschaft basiert demnach auf einem Wettbewerb der Ideen und widerstreitenden Theorien, die sich bewähren müssen. Die Forderung, der Einzelne oder die Politik habe sich zwingend bestimmten «wissenschaftlichen Erkenntnissen» zu unterwerfen und unkritisch zu akzeptieren, ist also weder wissenschaftlich, noch mit dem Pluralismus einer offenen Gesellschaft vereinbar.

---

[1] Wobei dieser Grundsatz nicht auf alle Wissenschaften zutreffen muss, insbesondere nicht auf die a priori Wissenschaften wie die Praxeologie.

Natürlich sollten Meinungen von Experten möglichst vorurteilsfrei angehört werden. Selbstverständlich sollten politische Entscheidungen wissenschaftliche Erkenntnisse miteinbeziehen. Dabei darf jedoch weder die Vielfalt der wissenschaftlichen Diskurse ausser Acht gelassen werden, noch darf man sich hinter vermeintlichen «Sachzwängen» verstecken.

Eine offene Gesellschaft zu verteidigen bedeutet, die vielfältigen Ansichten und Bedürfnisse friedlich miteinander in Einklang zu bringen. Voraussetzung dafür ist ein freier Diskurs, nicht eine moralisierende «Cancle Culture», weil letztere eine Wahrheitshegemonie durchsetzen will und alle Andersdenkenden stigmatisiert und sie als «wissenschaftsfeindlich» diffamiert, damit man sich nicht mehr mit deren Argumenten auseinanderzusetzen braucht. Dieser Diskurs besteht nicht nur aus den Beiträgen ausgewählter Spezialisten, sondern aus all den Argumenten, Haltungen und Einstellungen, aus denen sich eine öffentliche Meinung über Vermittlungsprozesse unabhängiger Medien bilden kann.

Wie die Technokratie Menschenrechte aushebelt

Ein technokratisches Verständnis der Welt geht davon aus, dass es so etwas wie ein von der Wissenschaft (also den jeweiligen Experten, den Wissendsten) vorgegebenes ideales und alternativloses Handeln gäbe, das die Politik durchsetzen müsse. All jenen, denen der offizielle Expertenstatus fehlt oder denen er abgesprochen wird, weil ihre Thesen sich nicht innerhalb der zulässigen «Mainstream»-Bandbreite bewegen, soll die Kompetenz zum eigenverantwortlichen und selbstbestimmten Handeln abgesprochen werden. Die Technokratie zielt damit direkt auf die Essenz der Menschenrechte, wie etwa die Meinungs- und Forschungsfreiheit, die Eigentumsgarantie, die Privatsphäre sowie die Wahl- und Vertragsfreiheit.

Sträflich vernachlässigt wird bei der geforderten Unterordnung aller Freiheitsrechte unter die technokratischen Vorgaben vor allem eines: das Menschliche. Wertvoll und massgeblich ist nicht nur das, was wissenschaftlich messbar ist. Unsere Werte und Ideale speisen sich auch aus anderen Dimensionen als den Naturwissenschaften. Untrennbar mit der Menschenwürde verbunden sind die individuelle Freiheit, die Eigenverantwortung und die mündige Selbstbestimmung.

Technokraten gehen von der irrtümlichen Vorstellung aus, dass Menschenrechte mit dem Hinweis auf wissenschaftliche Erkenntnisse über Bord geworfen werden könnten. So fordern technokratisch angehauchte Wissenschaftler, Politiker und Meinungsmacher unverblümt, Freiheitsrechte auszuhebeln, um Pandemien zu bewältigen, wenn sie Massnahmen wie Lockdowns, Versammlungs- und Ausgehverbote, soziale Isolation, «Contact Tracing» sowie Masken-, Test- und Impfzwang fordern. Oder indem sie etwa das individuelle Eigentum mit CO_2-Steuern angreifen und die Vertragsfreiheit mit Verboten von Diesel- und Benzinautos und Ölheizungen mit dem Vorwand untergraben, den Klimawandel bekämpfen zu wollen.

Menschenrechte gelten aber nicht nur in Schönwetterperioden, sondern universell zu allen Zeiten – gerade auch in Krisen. Sie gehen der Gesetzgebung, die den Launen von Politikern, Bürokraten und Stimmbürgern unterworfen ist, vor.[2] Menschenrechte gehen auch der Wissenschaft voraus und sind Bedingung für ebendiese. Ohne individuelle Abwehrrechte ist eine freie Forschung gar nicht erst denkbar. Das heisst: Ohne den Schutz von Freiheitsrechten würde die freie Suche nach Wahrheit durch absolutistische Wahrheitsansprüche der herrschenden Klasse ersetzt, die der Logik der Macht folgen. «Wissenschaft» wäre so nur noch eine inhaltsleere Hülse, die keinen anderen Zweck erfüllen würde, ausser Propaganda für die Mächtigen zu betreiben und dieser einen wissenschaftlichen Anstrich zu verleihen.

Der Mensch ist keine Maschine

Die durch Erkenntnisse in der Neurowissenschaft angeregte Diskussion, ob der Mensch überhaupt einen freien Willen besitze, kommt vielen Technokraten gerade recht. Es wird behauptet, dass der Mensch gar nicht wirklich wähle, weil die Vorbedingungen seiner Entscheidungen bereits in der Vergangenheit gelegt worden seien, die ihm nicht bewusst seien.

Das mag zwar stimmen, doch aus der Tatsache, dass der Mensch nicht aus dem Nichts («ex nihilo») heraus wählt, wird fälschlicherweise geschlussfolgert, dass Wahlfreiheit für den Einzelnen gar nicht möglich sei und es deshalb auch keine Freiheitsrechte brauche. Vielmehr könne man die Menschen und die ganze Gesellschaft unter diesen Bedingungen als eine Art Maschine betrachten. Aufgabe der Politik sei es dann, diese Maschine optimal zu programmieren. Wissenschaftlern, Politikern und Bürokraten käme so die Rolle als Gesellschaftsingenieure

---

[2] Vgl. dazu: Pierre Bessard und Olivier Kessler (2020). *64 Klischees der Politik: Klarsicht ohne rosarote Brille*. Zürich: Edition Liberales Institut. S. 33-36.

zu. Wie der Praxeologe Andreas Tiedtke festhält, sind diese Schlussfolgerungen jedoch falsch:

> «*Dass der menschliche Wille von Vorbedingungen abhängt, die in seiner Geschichte liegen, heisst nicht, dass die Menschen nicht dennoch diesen ihren subjektiven und unterschiedlichen Willen haben. Unterschiedliche Menschen wollen Unterschiedliches und derselbe Mensch will Unterschiedliches zu unterschiedlichen Zeitpunkten.*»[3]

Der Mensch ist keine Maschine und lässt sich folglich auch nicht programmieren und auf gewisse Ziele hin steuern, die ihm von aussen vorgegeben werden. Gerade dieses irrige Menschenbild ist dafür verantwortlich, dass staatliches Handeln oft zu unerwarteten Nebeneffekten und ungewollten Konsequenzen führt. Die Menschen versuchen dann eben, ihre Ziele über kreative Umwege zu erreichen. Wird z.B. ein Produkt verboten, so entstehen in der Folge Schwarzmärkte. Werden höhere Steuern für Reiche erlassen, so werden diese mehr Energie in die Steueroptimierung investieren, worauf die Steuereinkommen sogar sinken können (Laffer-Kurve).

Der handelnde Mensch ist zu jeder Zeit Souverän seiner selbst (es sei denn, er wird z.B. niedergeschlagen, sodass er tatsächlich handlungsunfähig wird). Er ist der einzige, der seinen Körper und seine Handlungen unmittelbar kontrolliert. Natürlich kann ein Aussenstehender eine Person bedrohen oder sie mit dem Mittel der Gewalt zu einer Handlung zu zwingen versuchen, sodass es wahrscheinlicher erscheinen mag, dass eine Person sich

---

[3] Andreas Tiedtke (2021). *Der Kompass zum lebendigen Leben.* München: Finanzbuchverlag. S. 50.

dem Willen eines anderen unterwirft. Ob sich der Be-
drohte oder Misshandelte dadurch aber tatsächlich dem
Willen des Drohenden oder Gewalttäters beugt oder ob
er die Nachteile in Kauf nimmt, darüber entscheidet nach
wie vor er alleine.

Nicht von Ungefähr kommt daher der juristische
Grundsatz, das sich niemand dauerhaft einem Willen eines anderen unterwerfen kann. Es wäre schlichtweg un-
praktikabel. Man kann sich zwar entschliessen, sich während einer gewissen Zeitdauer dem Willen eines anderen
anzuschliessen. Doch zu jenem Moment, in dem man sich
entscheidet, dass man etwas anderes tun will, so kann
man das sofort und unmittelbar. Die Souveränität über
das eigene Handeln liegt beim Handelnden und eben
nicht bei einer aussenstehenden Drittinstanz, die über die
Handelnden wie Roboter oder Schachfiguren verfügen
und sie auf ein definiertes Ziel hin steuern kann.

Das grundsätzliche Problem mit der Technokratie

Die technokratische Herangehensweise auf alle Probleme lautet: Wir finden die beste Lösung und setzen diese
überall durch. Das mag verlockend klingen, doch staatliche Gelder für Technologiesubventionen auszugeben
oder die Bürger mit Zwangsmassnahmen zu einem bestimmten Verhalten zu nötigen, beseitigt das Wissen der
Vielen. Staatsinterventionen unterdrücken auch die unterschiedlichen Bewertungen und verschiedenen Herangehensweisen, verunmöglichen die unzähligen Prob-
lemlösungsversuche durch Millionen von Menschen,
und ersetzen diese dezentralen Prozesse durch die Einschätzung einer kleinen Gruppe von Politikern und
Funktionären.

Politische Entscheidungsträger sind nicht notwendigerweise dümmer als die Durchschnittsbevölkerung, aber auch nicht unbedingt gescheiter. Deshalb ist es gefährlich, den enormen Wissensfundus, der dezentral über die Gesamtbevölkerung verstreut ist, zu ignorieren, indem man den Grossteil der Menschen vom Gestaltungsprozess abkapselt und anstatt dessen nur auf einige wenige setzt. Diese kleine Gruppe kann notwendigerweise weniger Wissen auf sich vereinen als die Gesamtbevölkerung, die sich über marktwirtschaftliche Prozesse wie den Preismechanismus koordiniert und gegenseitig durch ihr je individuelles Wissen beeinflusst.

Technokraten vernachlässigen in der Regel ausserdem sträflich die Lern- und Anpassungsfähigkeit der Menschen bei auftretenden Problemen. Es wird ignoriert, dass Menschen auf praktisch alle Probleme eine Antwort finden, wenn man sie denn nur machen lässt.

Lebensverbessernde Innovationen in der Geschichte der Menschheit – das hat der Wissenschaftsautor Matt Ridley in seinem Buch *How Innovation Works: And Why It Flourishes in Freedom* so schön aufgezeigt – sind in der Regel nicht das Ergebnis einzelner brillanter Erfinder, die von Technokraten mit teuren staatlichen Forschungsprogrammen beauftragt worden sind. Vielmehr sind sie das Resultat offener Prozesse von Versuch und Irrtum, an denen unzählige Menschen auf freien Märkten beteiligt sind. Innovationen entstünden, so Ridley, «wenn Ideen Sex miteinander haben.»

Damit das geschehen kann, muss die Gesellschaft offen sein und bleiben. Entscheidend ist eine Umgebung der intellektuellen Freiheit, der Meinungsäusserungsfreiheit, der Forschungsfreiheit, der wirtschaftlichen Freiheit sowie das Vorhandensein vieler dezentraler Finanzierungsquellen zur Realisierung allerlei unternehmerischer Ideen.

Das ist das pure Gegenteil eines grossangelegten technokratischen Masterplans, der mit zentralisierten Finanzierungsquellen in den monopolistischen Händen der politischen Kaste und einer Überregulierung bis ins letzte Detail durchgeboxt werden soll.

Platon vs. Sokrates: Der fortdauernde Kampf

Der ideelle Wettstreit darüber, welchen Stellenwert die Technokratie in einer Gesellschaft einnehmen soll, wurde bereits im antiken Griechenland aufgeworfen.[4] Platon etwa war von der technokratischen Vorstellung der maschinenartigen Steuerbarkeit des Menschen besessen. Durch die nachdrückliche Hervorhebung der Frage «Wer soll herrschen?» umging Platon die Frage, ob überhaupt jemand herrschen soll oder ob die Herrschenden zumindest durch geeignete «Checks & Balances» kontrolliert werden sollen.

Platon ging es hauptsächlich um die Personalfrage, also wer über andere herrschen dürfe. Für ihn war klar: Herrschen sollen die Weisesten, also jene, die im Besitz der umfangreichsten Menge an Wissen sind. Dieses Herrschaftsmodell wird auch Epistokratie genannt (wobei «episteme» im Griechischen für «Wissen und «kratía» für «Herrschaft» steht).

Platons Kontrapart spielte ein anderer grosser Athener: Sokrates. Ihm schwebte keine Diktatur der Gelehrten vor. Vielmehr betonte er, wie wenig ein Einzelner

---

[4] Vgl. zum Folgenden: Karl R. Popper (6. Aufl., 1980, Erstauflage: 1957). *Die offene Gesellschaft und ihre Feinde*. Bern: Francke. S. 176 ff.

doch eigentlich wissen könne. Sokrates hob hervor, dass er selbst die Wahrheit nicht besitze, jedoch auf der Suche nach ihr sei. Karl R. Popper schrieb zur sokratischen Auffassung von Weisheit treffend:

> «*Das ist der wahrhaft wissenschaftliche Geist. Einige Leute sind noch immer der Ansicht – wie auch schon Platon, nachdem er sich als gelehrter pythagoreischer Weiser etabliert hatte –, dass die agnostische Haltung des Sokrates durch den mangelnden Erfolg der Wissenschaft seiner Zeit erklärt werden müsse. Das zeigt aber nur, dass sie diese Haltung nicht verstehen und dass sie noch immer von der vorsokratischen magischen Einstellung zur Wissenschaft und zum Wissenschaftler besessen sind, den sie für einen erhabenen Schamanen, für einen Weisen, für einen Gelehrten, für einen Eingeweihten halten. Sie beurteilen ihn nach der Menge des Wissens, das sich in seinem Besitz befindet, statt, wie Sokrates, seine Einsicht in sein Nichtwissen zum Massstab seines wissenschaftlichen Niveaus und seiner intellektuellen Ehrlichkeit zu machen.*»[5]

Während Platon von der Vorstellung beseelt war, dass Weisheit nur einigen wenigen offen stünde, die dann daraus das Recht ableiten könnten, über die anderen zu regieren, war Sokrates vom Gegenteil überzeugt: Er glaubte, dass jedermann der Belehrung zugänglich sei. Er plädierte folglich für den Grundsatz der Gleichheit vor dem Gesetz. Sokrates' Denken war antiautoritär, während Platon der Vordenker autoritärer, technokratischer

---

[5] Karl R. Popper (6. Aufl., 1980, Erstauflage: 1957). *Die offene Gesellschaft und ihre Feinde*. Band I. Bern: Francke. S. 180.

Diktaturen schlechthin war. Er sehnte sich die Herrschaft der Allwissenden und Allmächtigen regelrecht herbei. Deshalb kritisierte Platon auch die Wissenschafts-, Bildungs- und Meinungsäusserungsfreiheit im damaligen Athen.

Nur die Erlauchten, die stolzen Besitzer der Wahrheit, sollten nach Platon die Möglichkeit haben, zu lehren, zu politisieren und sich entsprechend zu äussern. Die Menschen sollten auch nicht so erzogen werden, dass sie zur Selbstkritik und zu kritischem Denken befähigt werden. Im Zentrum von Platons Erziehung der Menschheit geht es um ein doktrinäres Aufzwingen einer Lehre, das Formen der Geister und der Seelen, die «*durch lange Gewohnheit völlig unfähig werden sollen, irgend etwas unabhängig der Gemeinschaft zu tun*».[6]

Verbreitete Autoritätshörigkeit

Platons antiaufklärerisches Ideal ist heute ohne jeden Zweifel wieder «en vogue». Kaum etwas könnte diese Haltung besser verdeutlichen als der repetitiv geäusserte Imperativ «Follow the science!» («Folgt der Wissenschaft!»). So als habe «die Wissenschaft» jegliche Wahrheiten letztgültig entdeckt und offengelegt. So als ob jedes skeptische Hinterfragen tatsächlicher oder vermeintlicher Experten per se unwissenschaftlich wäre.

Am liebsten wäre diesen Neoplatonikern, wenn der Einzelne seine Bedürfnisse bedingungslos hinter die sakrosankten Erkenntnisse der (fälschlicherweise) sogenannten «Wissenschaft» stellte. Und tut er dies nicht freiwillig, so müsse eben die Politik mit ihren Zwangs-

---

[6] Zit. in: Karl R. Popper (6. Aufl., 1980, Erstauflage: 1957). *Die offene Gesellschaft und ihre Feinde*. Band I. Bern: Francke. S. 184.

instrumenten nachhelfen. Oder anders gesagt: Man ist gewillt, die Menschenrechte, die offene Gesellschaft und die Freiheit zu opfern – und versucht dieser inquisitorischen Grundhaltung auch noch dreist ein Mäntelchen der Wissenschaftlichkeit umzuhängen, obwohl sie das Gegenteil davon ist.

Das autoritäre Modell Platons weist dann eine besonders hohe Wahrscheinlichkeit auf, umgesetzt zu werden, wenn die Autoritätshörigkeit weit verbreitet und die Fähigkeit zum kritischen Denken verkümmert ist. Man könnte meinen, in der «aufgeklärten» Gesellschaft von heute sei die Einführung einer derart antihumanistischen Gesellschaftsordnung unmöglich geworden. Schliesslich hätten wir doch aus den historischen Gräueltaten unserer Vorfahren gelernt. Wer jedoch genau hinsieht, muss ob der weitverbreiteten Bereitschaft erschrecken, sogenannten oder so dargestellten «Experten» bedingungslos Folge zu leisten – fast schon wie Sektenmitgliedern ihrem Guru.

Es soll hier nicht der falsche Eindruck eines Wissenschafts- und Experten-Bashings entstehen. Die Wissenschaft kann eine Gesellschaft tatsächlich entscheidend voranbringen. Vielmehr stellt sich die Frage, was die Wissenschaft tatsächlich zu leisten imstande ist – und was nicht.

Was kann die Wissenschaft?

Naturwissenschaften wie die Physik, Biologie und die Chemie befassen sich mit konstanten Beziehungen zwischen Elementen. Sie erkennen diese mit hinreichender Genauigkeit in Laborexperimenten, die beliebig wiederhol- und überprüfbar sind.

Die Wissenschaft kann allerdings keine Aussage darüber machen, was jemand oder die Politik nun mit diesen Erkenntnissen tun *sollte*. Sie ist immer nur deskriptiv, nicht normativ. Sie kann nicht für jemanden festlegen, was dieser jemand wollen *muss*. Verschiedene Menschen wollen Verschiedenes, haben unterschiedliche Werte und Präferenzen, sich voneinander unterscheidende Bedürfnisse und Ziele, die sich im Laufe der Zeit ändern.

Die Wissenschaft kann also niemals «herausfinden», «bestätigen» oder «beweisen», dass wir alle eine Maske tragen *müssen*, und dass die Politik einen entsprechenden Maskenzwang einführen *muss*, selbst wenn die Wissenschaft herausfinden würde, dass eine Maske die Übertragung von Krankheiten reduzieren würde. Die Wissenschaft kann auch keine Aussage darüber treffen, dass jemand seinen CO_2-Ausstoss reduzieren und etwas gegen die Klimaerwärmung tun *muss*, selbst wenn bewiesen werden könnte, dass der CO_2-Ausstoss einen signifikanten Einfluss auf das Klima hat. Denn ob die betroffene Person das so beschriebene «Problem» überhaupt als solches wahrnimmt und ob sie es als prioritär genug erachtet, um ihre knappen Mittel zur Bewältigung dieses (und nicht eines anderen) Problems einzusetzen, hängt vom individuellen, subjektiven Werturteil ab, und ist nicht eine objektiv unbestreitbare Tatsache.

Entsprechend kann «die Wissenschaft» auch keine Handlungsempfehlungen zuhanden der Politik abgeben, weil es immer nur subjektive Präferenzen von Einzelpersonen gibt, die in der Werteskala von anderen Menschen nicht den gleichen Stellenwert einnehmen müssen. Ebenso kann sich die Politik auch nicht auf «die Wissenschaft» stützen, wenn sie vermeintlich «alternativlose» Gesetze erlässt, die man damit begründet, dass man lediglich dem Rat der Wissenschaft folge. Denn politisches Handeln basiert immer auf der Androhung oder Anwendung von physischer Gewalt, was dazu dient, die Präferenzen von bestimmten Gruppen auf Kosten aller anderen durchzusetzen. Die Wissenschaft kann niemals feststellen, welche Präferenzen richtig und welche falsch sind, weil es sich hier eben um subjektive Werturteile handelt.

Während die einen die Klimaerwärmung um jeden Preis bekämpfen wollen, begrüssen andere, dass es etwas wärmer wird oder wollen dieselben Ressourcen z.b. lieber in die Krebs- oder Malariaforschung investieren. Oder während die einen den Gesundheitsschutz und die Verlängerung der eigenen Lebenszeit über alles stellen, ist anderen der soziale Kontakt mit anderen (anstelle von «social distancing») und das Auskosten der vorhandenen Lebenszeit wichtiger. Wie um alles in der Welt soll man hier nun «wissenschaftlich» feststellen, wer recht hat und wer nicht? Wer behauptet, dass dies möglich sei, ist ein Scharlatan und bewegt sich abseits jeglicher Wissenschaftlichkeit.

Aufklärung jetzt!

In diesem Sammelband wollen wir uns daher unter anderem der Frage widmen, welchen Beitrag die Wissenschaft effektiv für den Fortschritt leisten kann, und wo wissenschaftliche Beweise oder Handlungsanweisungen lediglich behauptet werden, um Sonderinteressen durchzusetzen. Es werden verschiedene Techniken von Meinungsmachern aufgedeckt, wie wir mit einer vorgetäuschten Wissenschaftlichkeit manipuliert und zu einer aus subjektiver (nicht objektiver) Sicht gewünschten Verhaltensanpassung gedrängt werden sollen.

Ganz grundsätzlich wollen wir uns fragen: Besteht ein Spannungsverhältnis zwischen wissenschaftlicher Erkenntnis, Politik und offener Gesellschaft? Welche Aufgaben hat die Wissenschaft? Was sind die Anforderungen an ihre Methoden? Kann Wissenschaft für politische Zwecke missbraucht werden? Welche weitverbreiteten Denkfehler machen sich politische Agitatoren zunutze, um der Öffentlichkeit falsche Tatsachen zu suggerieren? Droht uns eine Wissenschaftsdiktatur, eine Expertokratie nach platonischem Vorbild? Was würde dies für Frieden, Freiheit und Wohlstand bedeuten? Wie kann die offene Gesellschaft im wissenschaftlich-technischen Zeitalter erhalten und gestärkt werden?

Ich lade Sie herzlich ein, sich mit uns auf diese spannende Reise zu begeben und diesen Fragen kritisch, offen und unvoreingenommen auf den Grund zu gehen – ganz im Geist echter Wissenschaftlichkeit eben – und hoffe, dass dabei eine grosse Portion Erkenntnisgewinn resultiert.

******

Den Einstieg macht Peter Ruch, der sich mit der Frage beschäftigt, wie das Verhältnis von Wissenschaft und Politik ausgestaltet und ob einer der Bereiche dem anderen vorgelagert sein sollte.

Im ersten Kapitel des Sammelbands geht es um die Funktionen und Grenzen der Wissenschaft. Andreas Tiedtke unternimmt den Versuch der Einteilung der verschiedenen wissenschaftlichen Disziplinen und untersucht, welche davon gesichertes, objektives Wissen hervorbringen und welche im Reich der subjektiven Spekulation zu verorten sind. Mit der Frage, ob die Wissenschaft normative Vorgaben an die Politik machen kann, befasst sich Michael Esfeld in seinem Beitrag. Julian Reiss wiederum zeigt auf, weshalb auch Expertenaussagen immer mit einer nötigen Portion Skepsis zu betrachten sind.

Im zweiten Kapitel befassen sich die Autoren mit dem Spannungsfeld von Wissenschaft und Politik. Boris Kotchoubey untersucht, ob es einen Zusammenhang zwischen der Höhe staatlicher Forschungssubventionen und besseren Forschungsergebnissen gibt. Er zeigt auch auf, weshalb es an unseren Forschungseinrichtungen heute so schwierig geworden ist, vom «Mainstream» abweichende Thesen zu vertreten. Ulrike Ackermann und Thilo Spahl dokumentieren anschliessend die grassierende «Cancel Culture» an Universitäten sowie die Ideologisierung der Wissenschaften. Diese wird insbesondere von aktivistischen Gruppen vorangetrieben, deren Ideal nicht der freie Diskurs und die Meinungsäusserungsfreiheit, sondern ein von ihnen definierter Meinungs-Einheitsbrei ist.

Im dritten Kapitel wird untersucht, welche sozialen Koordinationssysteme am ehesten die Voraussetzungen bieten, um freie Wissenschaft betreiben zu können. Welche Charaktermerkmale machen die Sphäre der Wissenschaft auf der einen Seite aus, welche die Sphäre der Politik auf der anderen? Damit setzt sich Stefan Kooths in seinem Text auseinander. Oliver Zimmer argumentiert, weshalb die Epistokratie – die Herrschaft der Experten – eine ernstzunehmende Gefahr für die offene Gesellschaft darstellt. Philippe Schultheiss zeigt im Anschluss, dass die Demokratie als institutionalisierte Form des sich im Diskurs entwickelnder Wahrheit dem Ideal einer offenen Gesellschaft am nächsten kommt.

Abschliessend befassen sich Margit Osterloh und Bruno S. Frey mit dem Autoritätsvirus in der Wissenschaft und in der Wirtschaft und mit der Frage, wie dieser überwunden werden könnte.

Die Wissenschaft kann dem Menschen und der Umwelt äusserst dienlich sein. Aber sie kann auch viel Schaden anrichten, sobald sich die Politik ihrer bedient. Nur weil Nietzsche Gott als tot erklärt hat, heisst das nicht, das wir die Wissenschaft in den Stand einer neuen göttlichen Autorität erheben sollten. Wissenschaftlicher Fortschritt entsteht vielmehr aus einer antiautoritären Grundhaltung: Indem man nicht alles glaubt, was von irgendeiner Instanz gepredigt wird. Indem man hinterfragt. Indem man nicht alles der Masse oder den Medien nachplappert, sondern sich zunächst seines eigenen Verstands bedient.

Bleiben Sie also kritisch! Das gilt natürlich auch im Hinblick auf dieses Buch.

EINSTIEG

Wissenschaft als Vormund der Politik?

Peter Ruch

Als Theologe kann ich nicht in Anspruch nehmen, ein Experte für Wissenschaftlichkeit zu sein. Mein Fachgebiet hat den Ruf, aus Spekulationen und Phantasien zu bestehen und bestenfalls historische und sprachwissenschaftliche Erkenntnisse beizuziehen. An manchen Universitäten ist die Theologische Fakultät noch geduldet und möge sich bitte – wenn schon – mehr der religionswissenschaftlichen Forschung widmen als der Ausbildung des kirchlichen Personals. Hinzu kommt, dass ich nie in der akademischen Theologie tätig, sondern bloss Pfarrer war. Ich war also mit der Applikation beschäftigt.

Allerdings sind viele Universitäten in Europa aus den Theologischen Fakultäten entstanden. Auch wenn andere Fachbereiche die Theologie überflügelt haben, darf man daraus schliessen, dass zwischen den «echten» Wissenschaften und der Theologie Zusammenhänge bestehen.

Die Universität meiner Heimatstadt Basel hatte in den Kriegs- und Nachkriegsjahren drei Berühmtheiten, die den nichtexakten Fachgebieten angehörten: Den Philosophen Karl Jaspers, den Theologen Karl Barth und den Biologen Adolf Portmann. Portmann war zwar Naturwissenschaftler, widmete sich jedoch zunehmend dem Grenzgebiet zur Philosophie und veröffentlichte Beiträge zur Sonderstellung des Menschen in der Natur.

Karl Barth, obwohl ebenfalls Basler, war unabsichtlich hierher gekommen. Er war als Professor in Bonn
entlassen worden, weil er den Beamteneid auf Hitler verweigert hatte. Seine Weigerung war eine Applikation der
Theologie: Das erste Gebot – Du sollst keine anderen Götter neben mir haben – lässt es nicht zu, sich einem Machthaber zu verpflichten, der sich als Gott aufspielt.

Barth hat sich im Band I,2 seiner *Kirchlichen Dog-
matik* über das Verhältnis von Fakten und Aneignung
ausgelassen. Jedes Nachdenken geschehe nicht im luft-
leeren Raum, sondern zwischen den Fakten und der
Frage, welche Schlussfolgerungen daraus zu ziehen
seien. Den Fakten – oder Beobachtungen – ordnete er in
seinem Fach die biblischen Inhalte zu, der Aneignung
das Leben und dem Nachdenken die Glaubenslehre. Lateinisch wäre von «Explicatio», «Applicatio» und «Impli-
catio» zu reden.

Das ist, wie mir scheint, nicht nur auf die Theologie, sondern auf alle Sachgebiete anwendbar. Allerdings
sind die Fakten stets unvollständig, deshalb sind auch die
Schlussfolgerungen nie endgültig. Selbst bei unveränder-
ten Beobachtungen können neue Gedankengänge zu
neuen Schlussfolgerungen führen. Und oftmals sind sich
die Fachleute uneins. Das zeigt, dass auch in der Wissenschaft der Glaube – an die eine oder andere Wahrheit –
mitspielt.

Zwischen Wissenschaft und Religion herrschte im
19. Jahrhundert zur Zeit Darwins und Nietzsches, aber
schon bei Galilei, ein offener Kriegszustand, der dann im
20. Jahrhundert, als die Fronten abgesteckt waren, in einen Waffenstillstand überging. Es gab geistreiche Versuche, Glauben und Wissenschaft miteinander zu harmoni-
sieren, etwa durch Teilhard de Chardin. Auf der Basis

spiritueller Erfahrungen suchte er die Ergebnisse der modernen Naturwissenschaften, besonders die materialistische Evolutionstheorie, mit der christlichen Heilslehre in Einklang zu bringen. Er ging davon aus, dass die Urmaterie bereits beseelt gewesen sei. Je komplexer die Materie in der äusseren Molekülbildung werde, umso deutlicher trete ihre Innenseite in Erscheinung, um schliesslich im Bewusstsein des Menschen zu gipfeln. In Teilhards mystischer Vision endet der Kosmos als einzige Weltkultur, dem «Punkt Omega». Solcher Fortschrittsoptimismus kollidiert nicht nur mit dem biblischen Menschenbild, sondern auch mit den grauenhaften Ereignissen des 20. Jahrhunderts.

Was ist Wissenschaft?

Die exakten Wissenschaften wurden für das Leben und Denken derart massgebend, dass auch Geisteswissenschaftler ihr Renommee in Anspruch nehmen wollten. Der Historiker Herbert Lüthy schrieb im Jahr 1968 einen Essay mit dem Titel «Die Mathematisierung der Sozialwissenschaften». Im ersten Abschnitt räumt Lüthy ein, dass Geschichte nicht eine Wissenschaft, sondern eine Summe von Kenntnissen und Hypothesen sei. Die Hinwendung zu allem Messbaren hatte bereits die Ökonometriker und die Soziometriker hervorgebracht. Ökonometrie und Soziometrie sind jedoch, so Lüthy, keine Wissenschaften, sondern Methoden und Techniken des Zählens, Messens und Rechnens. Daraus lassen sich Korrelationen und Kurven ableiten.

Methodenstreitigkeiten sind vorprogrammiert, und Lüthy empfiehlt im Umgang mit den Begriffen «Wissenschaft» und «Wissenschaftlichkeit» äusserste Bescheidenheit. Das sei umso dringender geboten, weil das Prestige einer Disziplin nicht von ihrem zu erwartenden Nutzen abhängt, sondern von der Kostspieligkeit ihres technischen Apparats. Nach diesem Kriterium konnte die Astronomie über Generationen als die Königin der Wissenschaft gelten. Noch heute stehen in der Kernphysik und Astronautik Kosten und Nutzen in einem abenteuerlichen Verhältnis.

> *«Es ist zwar so selbstverständlich, dass man sich fast schämt, es zu sagen, aber es muss vielleicht doch erwähnt werden, dass wissenschaftliche Aussageweise an sich noch nichts für die Wissenschaftlichkeit der Aussage beweist, dass die mathematische Formulierung einer Grösse, einer Relation oder eines Wenn-Dann-Satzes noch keineswegs bedeutet, dass diese Grösse, diese Relation oder dieser Satz tatsächlich zutrifft, und dass das mathematisch korrekte Operieren mit blossen Annäherungswerten oder mit noch so exakt formulierten Vermutungen zwar formal korrekte und innerhalb der eigenen Logik zwingende, aber völlig fiktive Resultate liefern kann.»* (Lüthy)

Ein Beispiel für den Mix aus exakten Messungen und irrationalen Deutungen ist die Astrologie. In Jaipur (Rajastan, Indien) steht eine gigantische, 300-jährige Sonnenuhr mit einer Skala, die das Ablesen von zwei Sekunden erlaubt. Der ganze Park mit seinen 19 Konstruktionen zur Sternbeobachtung diente der Astrologie. Exakte Messung und Mathematisierung kommt nicht automatisch besserer Wissenschaftlichkeit und einem höheren Nutzen zugute.

Wie wichtig das Denken zwischen der Datenflut und den daraus zu ziehenden Schlussfolgerungen ist, zeigt auch eine Bemerkung des Volkswirtschaftlers Joseph Schumpeter:

«Die meisten grundlegenden Fehler, die immer wieder in der Wirtschaftsanalyse gemacht werden, sind häufiger auf einen Mangel an geschichtlicher Erfahrung zurückzuführen als auf andere Lücken im Rüstzeug des Wirtschaftswissenschafters.»

Die Wissenschaft soll letztlich dem Menschen dienen. Doch je näher sie an den Menschen heranrückt, umso mehr hört sie auf, Wissenschaft zu sein und greift zunehmend zur Spekulation. Geschichte, Ökonomie, Soziologie, Politologie, Psychologie – das alles nennt sich Wissenschaft, ist es aber ebenso wenig wie Philosophie und Theologie.

Die Politik ihrerseits arbeitet sich per definitionem am Menschen und seinem Gemeinwesen ab. Sie steht deshalb der Wissenschaft nicht nahe. Zwar obliegt ihr die Finanzierung und Aufsicht weiter Forschungsbereiche. Und selbstverständlich bezieht sie wissenschaftliche Erkenntnisse in die Entscheidungsprozesse ein. Viele Überzeugungen sind jedoch unter Fachleuten umstritten.

Der Fortschritt besteht ja gerade darin, dass vorhandene Erkenntnisse falsifiziert oder optimiert werden. Ein bekannter Witz sagt, man publiziere stets den neuesten Stand des wissenschaftlichen Irrtums. Schon deshalb kann sich die Politik nicht vorbehaltlos auf einen wissenschaftlichen Rat stützen. Welche Schule soll es denn sein? Und: Erreichen politische Entscheidungen mit neuen Erkenntnissen ihr Ablaufdatum?

Von der Datenerhebung zur Applikation

Wissenschaft und Politik erfüllen unterschiedliche Aufträge. Die Wissenschaft ist in schmale Spezialgebiete aufgeteilt und gewinnt dadurch enorme Erkenntnisse. Gewissenhafte Wissenschaftler äussern sich nur zurückhaltend über andere Sachgebiete. Erkennt ein Epidemiologe, dass zwischenmenschliche Begegnungen eine Infektionskrankheit verbreiten, und welche Begegnungen riskant sind, so macht er diese Erkenntnis publik. Für die daraus zu ziehenden Schlussfolgerungen ist er aber nicht zuständig. Spontan würde jedermann als Applikation ein Begegnungsverbot fordern. Der Weg von der Erkenntnis zur Anwendung darf jedoch nicht fundamentalistisch verlaufen, sondern muss möglichst alle Auswirkungen in Betracht ziehen. Was bedeutet ein Lockdown für die Schulbildung der Kinder? Welche psychischen Belastungen und Wissenslücken sind zu befürchten? Wie gross sind die wirschaftlichen Einbussen, und wie werden sie auf den Wohlstand und auf die Versorgung durchschlagen?

Gerettet werden nie Menschenleben, sondern stets Lebensjahre. Das Durchschnittsalter der mit und an Corona Verstorbenen lag nahe bei der statistischen Lebenserwartung. Der Lockdown diente somit vor allem älteren Menschen. Die Lebenserwartung stieg von 1960 bis heute von 71,3 auf 83,6 Jahre an und steht mit der Wirtschaftskraft in direktem Zusammenhang. Deshalb werden die Rezession und die coronabedingte Verschuldung voraussichtlich auf die Lebenserwartung durchschlagen.

Die Verlierer sind die jüngeren Generationen. Sie müssen ausserdem Einbussen bei der Pensionskasse hinnehmen und tragen ein höheres Armutsrisiko im Alter.

Arztkonsultationen und Hospitalisierungen waren bei der ersten Welle rückläufig. Verzögerte Diagnosen und Behandlungen können sich verhängnisvoll auswirken. Die Kaufmännische Krankenkasse in Hannover mit rund 1,7 Millionen Versicherten verzeichnete im ersten Halbjahr 2020 eine Steigerung der psychischen Erkrankungen um 80 Prozent gegenüber dem Vorjahreszeitraum. Das deutsche Meinungsforschungsinstitut Ifop stellte fest, dass sich die mentale Gesundheit der Menschen während der Ausgangsbeschränkungen generell verschlechtert hat. In Grossbritannien brachte eine Studie eine «besorgniserregende Zunahme von Depressionen» an den Tag, ausgelöst durch die Sorge um den Job und das Einkommen.

Gemäss der britischen Bildungsbehörde verlernen Kinder im Lockdown einfachste Fähigkeiten. Die starken Schüler lernen zu Hause schneller als in der Schule, und bei den schwächeren ist es umgekehrt, was die Kluft zwischen ihnen vergrössert.

Der Ökonom Bernd Raffelhüschen aus Freiburg i. Br. rechnet mit zehnmal so vielen durch den Lockdown verlorenen Lebensjahren, als durch ihn gewonnen wurden. Auch diese Verluste treffen vor allem die jüngeren Generationen.

Die Impfungen haben bei vielen Menschen Störungen, zum Beispiel der Schilddrüsenfunktionen, ausgelöst. Für dieses Thema interessieren sich die Medien seit dem Ukraine-Krieg nicht mehr. Die Impfstoffe wurden aus politischen Gründen zu schnell in die Applikation gegeben. Solide Wissenschaft zeichnet sich jedoch nicht durch Eile, sondern durch zeitraubende Sorgfalt aus.

Die Differenz zwischen der Politik und der Wissenschaft zeigt sich nun erneut beim Affenpockenvirus. Der Chefarzt am Basler Zentrum für Tropen- und Reisemedizin schätzt die Gefahr als gering ein, während die völlig politisierte WHO neue Machtansprüche anmeldet.

Die kurzschlüssige Überführung wissenschaftlicher Daten in eine Applikation führt nicht zum Erfolg. Das beginnt schon damit, dass die Daten nicht eindeutig sind, was die widersprüchlichen Einschätzungen der Fachleute belegen. Hinzu kommen die Nebenwirkungen, die sämtlichen politischen Eingriffen anhaften. Wer etwa höhere Steuern für mehr Umverteilung erheben will, sollte daran denken, dass er die Anreize zur Wertschöpfung schwächt und damit auch das Umverteilungspotenzial schmälert. Und wer umfassende Lockdowns anordnet, sollte an die Einbussen auf allen Ebenen denken. Die längerfristigen Auswirkungen liegen noch nicht voll zutage. Die Lerndefizite bei der Jugend dürften lange spürbar bleiben, zumal das Rüstzeug vieler Schulabgänger schon vorher ungenügend war. Die Politik darf nicht wie eine spezialisierte Wissenschaft ein einziges Ziel verfolgen, sondern muss alle Lebensbereiche im Auge behalten. Kurzschlüssige Verquickungen mit der Wissenschaft ergeben schlechtere politische Lösungen.

Die Wissenschaft und das Klima

Ähnliches lässt sich über die Klimadebatte sagen. Dass die Erwärmung wegen des CO_2-Ausstosses menschengemacht sei, gilt als Prämisse. Bei der Förderung alternativer Energien bleiben viele Effekte ausgeblendet, etwa die Naturschäden durch die Litium-Gewinnung, die Zielkonflikte zwischen der CO_2-Senkung und dem Atomausstieg oder die Preisentwicklung der Rohstoffe, die den globalen Verbrauch massgebend prägt. Vor allem die Bevölkerungsentwicklung sollte nicht ausser acht bleiben. Noch im 19. Jahrhundert starb in Spanien ein Viertel bis ein Drittel der Säuglinge im ersten Lebensjahr, und das Leben war europaweit ein Kampf gegen den Hunger. Leonard Woolf, Gatte der Schriftstellerin Virginia Woolf, beschrieb im Alter voller Erstaunen den Wandel von der sozialen Barbarei zur Zivilisation in Grossbritannien während seiner Lebensdauer (1880 bis 1969). Ähnliches ist von anderen Ländern bezeugt, etwa durch Stefan Zweig aus Österreich. Die Hygiene drängte den allgegenwärtigen Schmutz zurück und steigerte die Lebenserwartung.

Die Triebfeder für diese enormen Verbesserungen war nicht zuletzt eine markante Klimaerwärmung in der Mitte des 17. Jahrhunderts. Sie senkte die Sterblichkeitsrate und liess die Bevölkerung wachsen. Die Herausforderung, mehr Menschen zu ernähren, löste einen Erfindungsreichtum aus. Mehr kluge Köpfe hatten mehr Zeit zum Tüfteln. Sie stiessen die industrielle Revolution an. Man könnte durchaus die These wagen, die Klimaerwärmung habe das Bevölkerungswachstum und dieses die Industrialisierung ausgelöst.

Der CO_2-Ausstoss seinerseits bewirkt eine weitere Erwärmung, die sich vermutlich wegen des anhaltenden Bevölkerungswachstums dem menschlichen Zugriff entzieht. Mehrere Massnahmen zur Senkung des CO_2-Ausstosses bewirken ungewollt dessen Erhöhung.

Politisierung der Wissenschaft

Die Vereinnahmung der Wissenschaft durch die Politik schadet auch der Wissenschaft. Der Theologieprofessor Ingolf Dalferth wechselte nach seiner Emeritierung in Zürich an die Claremont Graduate University in Kalifornien. Nach 10 Jahren verliess er die Institution und diagnostizierte für die CGU eine Überdosis an politischen Denkmustern, die die unvoreingenommene Forschungsarbeit blockieren.

Indessen lebt die Wissenschaft davon, dass ihre Erkenntnisse als fehlbar gelten und korrigiert werden können. Dabei dürfen die Hautfarbe, die sexuelle Orientierung oder die Weltanschauung keine Rolle spielen. Der Kampf gegen Diskriminierung, ein urpolitisches und wohlbegründetes Postulat, ist an den Universitäten durch «affirmative action», Quotenregelungen und Diversitätsmanagement zum Grossprojekt der Gegendiskriminierung geworden. Gute Diskriminierung – von Weissen – gilt als gerechtfertigt. An vielen Hochschulen hat sich inzwischen ein Selektionsverfahren etabliert, das nicht am wissenschaftlichen Auftrag, sondern an der Abstammung und der Gesinnung orientiert ist.

«An der CGU kann man sich auf keine akademische Stelle bewerben, ohne ein diversity statement abzugeben und seine richtige Gesinnung zu dokumentieren. Wer eine Stelle hat, muss regelmässig ein sexual harassment training absolvieren, das gesetzlich vorgeschrieben ist. Der mehrstündige interaktive Online-Kurs lässt sich nur zu Ende bringen, wenn man die festgesetzten ‹richtigen› Antworten gibt. Enthaltung wird nicht akzeptiert. Jeder ist ein potenzieller Übeltäter, und

*alle müssen ihre richtige Einstellung jederzeit un-
ter Beweis stellen.*» (Dalferth)

Selbst Forschungsbereiche, die auf Ideologie nicht
anfällig sind, können gruppendynamischen Trends an-
heimfallen. Die Mathematikerin und Physikerin Sabine
Hossenfelder weist in Publikationen und Vorträgen darauf hin, dass die Grundlagenphysik seit 40 Jahren stagniert. Die Experimente, mit denen man nach dunkler Materie suchte, verliefen alle ergebnislos. Das CERN hat
keine neuen Teilchen aufgedeckt, obwohl es kräftig auf-
gerüstet wurde. Heute sei es, so Hossenfelder, gang und
gäbe, dass Theoretiker an Überlegungen arbeiten, die
man nicht widerlegen kann. Ein wichtiges Motiv ist der
Publikationsdruck, der von der staatlichen Finanzierung
des Forschungsbetriebs herrührt. Als weitere Ursache
der Stagnation kommt das Gruppendenken hinzu.

«*Die Leute erzählen sich immer wieder selbst, wie
richtig und wichtig das ist, was sie machen. So setzen sich dann auch erfolglose Methoden fest. Das
gibt es ja nicht nur in der Physik.*» (Hossenfelder)

Demokratie und Freiheit statt Expertenherrschaft

Diese Beispiele zeigen, dass das Einreissen der Grenze
zwischen Wissenschaft und Politik beide Bereiche schä-
digt. Geradezu bedrohlich ist die Vorstellung, dass wissenschaftliche «Experten» die Politik wie Lotsen steuern
könnten. «Ex-Pars» heisst ausserhalb der Parteien. Eine
Politik jenseits des Parteiengezänks mag verlockend erscheinen. Parteien – von pars, Teil – sind jedoch nicht nur
die politischen Playergruppen in den Debatten und Parlamenten. Eine Pars ist jeder einzelne Mensch, der im Gemeinwesen eine Stimme hat. Die Führung jenseits dieser

Stimmen durch eine «sachkundige» Elite bedeutet die Verdrängung der politischen Entscheidungsprozesse durch Dekrete und damit die Beseitigung der Demokratie und der Freiheit.

Dieses von Platon inspirierte Staatsmodell ist die Diktatur. Es geht von falschen Prämissen aus, nämlich von der Unfehlbarkeit wissenschaftlicher Erkenntnisse und der Untadeligkeit des menschlichen Wesens.

Das biblische Menschenbild rechnet dagegen mit der Hamartia. Der griechische Begriff bedeutet ursprünglich eine Verfehlung jeglicher Art, zum Beispiel einen Fehltritt oder das Verfehlen des Ziels mit Pfeil und Bogen. Es kann sich um ein Missgeschick, um Torheit oder Verblendung handeln, aber auch von böser Absicht getrieben sein. Der Wortbereich wird üblicherweise mit «Sünde, sündigen» übersetzt. Dass der Sündenbegriff diskreditiert ist, ist eine Folge des missbräuchlichen Umgangs mit ihm durch die kirchlichen Wortführer. Aber die moderne Vorstellung vom untadeligen Menschen und vom unfehlbaren Experten bleibt gleichwohl absurd. Denn gerade die Moderne hat mit Verfehlungen und Irrtümern die schrecklichsten Erfahrungen gemacht.

Damit gewinnt die Frage nach dem Menschenbild neue Aktualität. Machtanmassungen und -missbräuche gehören zur DNA des Menschen. Deshalb sind Machtkonzentrationen, egal ob beim Diktator oder beim Stellvertreter Gottes, ob beim Politbüro oder beim wissenschaftlichen Expertenkreis, brandgefährlich. Mögen demokratisch-rechtsstaatliche Entscheidungsabläufe zuweilen mühsam sein und fragwürdige Lösungen hervorbringen, sind sie doch jeder Art von wissenschaftlicher Expertenherrschaft vorzuziehen. Sie bieten zudem den unschätzbaren Vorteil einer Ideenbörse und begrenzen die Macht.

Nach den zwei Corona-Jahren ist deutlich geworden, dass die Treffsicherheit der Wissenschaftler geringer ist als gedacht. Die freiheitlich-demokratische Machtkontrolle mit breit abgestützten Entscheidungsprozessen ist der Expertokratie in jedem Fall vorzuziehen.

I.
FUNKTIONEN UND GRENZEN DER WISSENSCHAFT

Mit welchen wissenschaftlichen Methoden zur Erkenntnis?

Andreas Tiedtke

Im folgenden Beitrag will ich aufzeigen, dass wir «die Wissenschaft» nach verschiedenen Methoden kategorisieren können. Es gibt die «erfahrungsunabhängigen Wissenschaften», die nicht empirisch getestet werden können – oder müssten –, mit Immanuel Kant (1724-1804) können wir sie die A-priori-Wissenschaften nennen, weil sie «von vornherein» gültige Aussagen enthalten, also Tautologien. Zu diesen A-priori-Wissenschaften zählt neben der Mathematik und der Logik auch die Praxeologie, also die Wissenschaft von der Logik des Handelns. Und auch die empirischen Wissenschaften können unterschieden werden, und zwar in die Naturwissenschaften und die wissenschaftliche Methode des «eigentümlichen Verstehens».

Da ich die wissenschaftlichen Methoden im Rahmen der Praxeologie erörtern werde, werde ich auch darauf eingehen, welchem Zweck «Erkenntnis» dient. Denn nach Erkenntnis zu streben, ist handeln, Wissen ist ein Mittel für einen Handelnden, um ein Ziel zu erreichen. Die Erkenntnistheorie ist also Teil der Praxeologie, der A-priori-Handlungstheorie. Denn es sind handelnde Menschen, die nach Erkenntnis streben und verschiedene Methoden hierzu unterscheiden.

Praxeologie – Schlussfolgerungen aus einer selbst-evidenten Tatsache

Die Praxeologie oder *Logik des Handelns* geht auf den österreichischen Ökonomen Ludwig von Mises (1881-1973) zurück. Dieser erkannte, dass sich die Ökonomie nicht sinnvoll mit dem methodologischen Instrumentarium der Naturwissenschaften beschreiben liess, also der Darstellung von konstanten Zusammenhängen zwischen – im weitesten Sinne – messbaren Grössen. Denn «messen» heisst, etwas mit einem objektiven, sprich unpersönlichen Standard zu vergleichen. In der Ökonomik hingegen – und überhaupt beim menschlichen Handeln – geht es um Wollen, um Vorziehen und Zurückstellen, um Vorlieben beziehungsweise Präferenzen, also um subjektiven Nutzen. Und Nutzen lässt sich nicht messen im vorbenannten Sinne, weil es keinen objektiven Standard dafür gibt, sondern nur viele subjektive. Es gibt keinen «Ur-Nutzen», der irgendwo herumläge, wie etwa ein Ur-Kilogramm oder ein Ur-Meter.

Die Praxeologie befasst sich mit den Schlussfolgerungen aus der selbstevidenten Tatsache, dass der Mensch handelt, also Mittel einsetzt, um Ziele zu erreichen. Wer bestreiten wollte, dass der Mensch handelt, würde selbst handeln, weshalb dieses Bestreiten einen performativen Widerspruch darstellen würde. Man kann zwar widerspruchsfrei sagen, der Mensch muss nicht immer handeln. Aber wann immer wir das Axiom, die Grundannahme für gültig erachten, dass ein Mensch – ja selbst ein Tier oder eine Pflanze – ein Ziel verfolgt, also von «Um-zu» sprechen statt von «Wenn-dann», gehen wir von handeln aus. Immer, wenn Ziele verfolgt werden, sind alle Schlussfolgerungen der Praxeologie gültig.

Beim Handeln haben wir es mit zwei Denkkategorien zu tun, die notwendig vorausgesetzt werden müssen. Einmal die Kausalität, in der es um Wenn-dann-Beziehungen geht, also dass jeder Wirkung eine Ursache vorausgeht. Und zweitens die Finalität, in der es um Um-zu-Beziehungen geht, also dass auf Etwas abgezielt wird.

Kausalität – Ursache und Wirkung

Bei der Kausalität teilen wir die Geschehnisse in Ursachen und Wirkungen auf, so dass stets die Frage nach der ersten Ursache offen bleibt – und was deren Ursache war. Man gelangt also zu einem *Regressum ad infinitum*, einem «Zurückgehen ins Unendliche», bei dem das, was erklärt werden soll, die letzte Ursache, gar nicht erklärt wird, sondern stets nur «nach hinten» verschoben. Manche Naturphilosophen und theoretischen Physiker erkannten dies und bezeichnen den Anfang des Universums daher als eine «Singularität», also eine Einzigartigkeit.

Letztlich kommt man bei der Begründung der Kausalität als einer für das Handeln notwendigen Denkkategorie zu dem Schluss, dass Existenz aus sich selbst hervorgegangen sein muss, weil es Nicht-Existenz, also Nicht-Sein, per definitionem nicht geben kann. In meinem Buch *Der Kompass zum lebendigen Leben* habe ich geschrieben: «Für Existenz gibt es also weder einen Anfang noch ein Ende; Existenz ist selbst eine Singularität in diesem Sinne, da ihr Gegenteil, die Nicht-Existenz, denknotwendig nicht sein kann.»[1]

---

[1] Andreas Tiedtke, Der Kompass zum lebendigen Leben (2021), S. 24.

Für einen Handelnden ist es notwendig, von Ur-
sache-Wirkung-Beziehungen und einer (zumindest gewissen) Regelmässigkeit dieser Beziehungen auszugehen, denn wenn es nichts zu bewirken gibt, dann gibt es
nichts zu handeln.

Finalität – Abzielen

Im Kompass schrieb ich:[2] «Im Hinblick auf die Vorgänge
im Universum, die die Naturwissenschaftler beschreiben, spielen Ziele keine Rolle.» Wir wissen nichts darüber, welche Ziele *das Universum* oder *die Natur* oder
die Schöpfung verfolgen, weil diese keine handelnden
Wesen sind wie der Mensch. «Der Mensch hingegen verfolgt Ziele, und deshalb ist menschliches Handeln mit
den Methoden der Naturwissenschaften (messen, wiegen, gleichbleibende Beziehungen zwischen Grössen)
nicht beschreibbar», sofern es um das Werten, Wählen
und Wollen geht, also um die Ziele.

«Im Hinblick auf die Ziele des Menschen gelangen wir zu einem *Regressum ad finitum*, also einem Zurückgehen zum letzten Ziel einer Handlung, und das ist
immer die *Verminderung der Unzufriedenheit* des Handelnden – oder die Mehrung der Zufriedenheit, was dasselbe ist; es ist ein ‹psychischer Gewinn›, den der Handelnde anstrebt. Wenn ein Ziel lediglich instrumental ist,
also ein Zwischenziel, zum Beispiel zum Bahnhof zu gelangen, um mit dem Zug zu einem Freund zu fahren,
dann ist das Zwischenziel nicht final, sondern instrumental», es ist wiederum Mittel zum Zweck. «Fragt man, warum der Zugfahrer den Freund treffen möchte, dann
kann die Antwort lauten, um mit ihm Kaffee zu trinken.

---

[2] Am angegebenen Ort (a.a.O.), S. 24 f.

Schliesslich gelangt man immer zum letzten Ziel (final), und das ist die Verminderung der Unzufriedenheit. Der Handelnde versucht einen Zustand herbeizuführen, den er gegenüber einem anderen Zustand bevorzugt, den er sich ebenfalls als wählbar vorstellt. Er entscheidet sich für etwas, er wählt. Der gewählte Zustand unter mehreren wählbaren Zuständen, die sich der Handelnde vorstellt, ist aus seiner Sicht notwendig der wünschenswerteste, sonst hätte er einen anderen gewählt. Es handelt sich um eine Tautologie, um eine Aussage, die immer wahr ist:» Durch sein Handeln «dokumentiert» der Handelnde, was seine Unzufriedenheit am meisten vermindert.

Und weil das letzte Ziel des Handelns die Verminderung der Unzufriedenheit ist, also ein psychisches Phänomen, dass sich nicht wiegen oder messen lässt, ist diese Verminderung der Unzufriedenheit nicht objektiv, also nach einem unpersönlichen Standard vergleichbar.

Die anderen A-priori-Wissenschaften: Mathematik und Logik

Mathematik und Logik sind wie die Praxeologie A-priori-Wissenschaften, das heisst, sie sind mit Erfahrung nicht überprüfbar, sondern sind deduktiv, es geht also um schlussfolgern ausgehend von Axiomen, also Grundannahmen. Ein bekanntes Beispiel für Logik ist:

* Alle Menschen sind sterblich.

* Sokrates ist ein Mensch.

* Daraus folgt: Sokrates ist sterblich.

Diese Schlussfolgerung ist für alle Menschen, die über einen Verstand mit logischer Struktur verfügen, a priori richtig.

Ein sogenannter Fehlschluss (*non sequitur*, daraus folgt nicht) liegt vor, wenn sich aus den Grundannahmen nicht notwendig die Schlussfolgerung ergibt. Ein Beispiel ist:

- Alle Affen können schwimmen.

- B kann schwimmen.

- B ist ein Affe.

Ein weiteres, prominenteres Beispiel ist:

- Der Staat baut Strassen.

- Nur der Staat kann Strassen bauen. Oder: Ohne Staat baut niemand Strassen.

Ebenso wie die Logik ist die Mathematik apriorisch, das heisst, alle Schlussfolgerungen ergeben sich notwendig aus den Grundannahmen und sind daher in den Grundannahmen schon enthalten. Der Satz des Pythagoras, $c = a + b$, ist bereits in der Definition eines rechtwinkligen Dreiecks in der Ebene enthalten. Er beschreibt, was für jedes rechtwinklige Dreieck in der Ebene gilt, ist aber trotzdem informativ: Man kann eine dritte Seitenlänge bestimmen, auch wenn einem nur zwei Seitenlängen bekannt sind.

Mathematische und logische Schlüsse können nicht weiter als bis zu ihren Grundannahmen zurückverfolgt werden, aus denen sie abgeleitet wurden. Mit empirischen Daten, also mit Erfahrung, sind sie nicht widerlegbar. Sie können in der physischen Welt kein Experiment aufsetzen, mit dem Sie widerlegen könnten, dass 1 + 1 = 2 ist. Wenn Sie einen Apfel und eine Birne addieren möchten und sagen, es kommt nicht 2 heraus, dann haben Sie nicht widerlegt, dass 1 + 1 = 2 ist, sondern Sie haben die Mathematik nicht sinnvoll angewandt.

Der Begründer der Praxeologie, Ludwig von Mises, sagte über das Charakteristikum apriorischen Wissens, dass die Negation dieses Wissens oder etwas, das im Widerspruch dazu stünde, nicht als wahr gedacht werden kann. Da jede Argumentation – dafür oder dagegen – die apriorischen Kategorien bereits voraussetzt, ist jeder Versuch sinnlos, diese zu beweisen oder zu widerlegen.[3] Um behaupten zu können, es gebe kein apriorisches Wissen, muss die Kenntnis des apriorischen Wissens bereits vorausgesetzt werden.

Die A-posteriori-Wissenschaften (erfahrungsbasiert)

Die erfahrungsbasierten oder empirischen Wissenschaften können wiederum in zwei verschiedene Kategorien eingeteilt werden, die Naturwissenschaften und das Verstehen.

Naturwissenschaft und Technik

Bei den Naturwissenschaften (Physik, Chemie, Biologie, sofern nicht Verhaltensbiologie, etc.) geht es um konstante Zusammenhänge zwischen messbaren, also im weitesten Sinne sensorisch wahrnehmbaren Grössen. Dabei bedeutet messen das Vergleichen mit einem objektiven, sprich unpersönlichen Standard. Die Ergebnisse der Messungen sind unabhängig von der Person des Messenden. Ein Meter ist gleich lang, ein Kilo gleich schwer, Chlor bei Raumtemperatur gasförmig und die Wellenlänge von blauem Licht ist dieselbe, unabhängig davon, ob Paul oder Gerda die Messung vornehmen.

---

[3] Ludwig von Mises, Die Letztbegründung der Ökonomik (2016), S. 27, 34.

Ausschlaggebendes Kriterium für die Testbarkeit empirisch-naturwissenschaftlichen Wissens ist nicht, ob eine Annahme falsifizierbar ist. Man könnte hier genauso gut von Verifizierbarkeit sprechen. Falsch und wahr sind zwei Seiten einer Medaille. Karl Popper (1902-1994) meinte, eine (empirische) wissenschaftliche Annahme lasse sich zwar niemals als wahr erweisen, wohl aber als falsch widerlegen. Aber ebenso wie uns nichts, was wir aus Erfahrung wissen können, für alle Zukunft gewiss erscheinen kann, muss das, was heute falsch ist, morgen auch noch falsch sein. Während heute noch die Hypothese «alle Schwäne sind weiss» stimmen mag, ist sie morgen falsch, sobald auch nur ein einziger schwarzer Schwan entdeckt wurde. Und übermorgen kann sie wieder richtig sein, wenn es – auf Grund sonstwelcher biologischer oder geologischer Umstände – keine schwarzen, sondern nur noch weisse Schwäne gibt.

Für die Testbarkeit einer naturwissenschaftlichen Hypothese ist entscheidend, dass prinzipiell jedermann jederzeit die Tests wiederholen kann und dass sich die massgeblichen Ursachen für die konstanten Zusammenhänge isolieren lassen. Beides hängt zusammen, denn ohne Isolierung der massgeblichen Ursachen und Wirkungen, ergibt sich keine (annähernd) exakte Wiederholbarkeit.

Dass sich Kausalität nicht empirisch beweisen lässt, liegt daran, dass Kausalität ein A-priori-Konzept des menschlichen Denkens ist, eine denknotwendige Voraussetzung für das Handeln. Dass etwas «immer» so sein wird, dieselben Ursachen also stets zu denselben Wirkungen führen, kann nicht empirisch bewiesen werden, da man Umstände, die in der Zukunft liegen, nie im Hier und Jetzt falsifizieren oder verifizieren kann.

«Die Welt der Technologie ist eine Welt der annähernden Messung und der annähernden quantitativen Bestimmtheit», schrieb Ludwig von Mises.[4] «Heute leugnet niemand mehr, dass wegen der Unzulänglichkeit unserer Sinne Messungen niemals vollkommen und genau in der umfassenden Bedeutung des Begriffs sind. Sie liefern mehr oder weniger genaue Annäherungswerte. […] Es gibt in unserer Beschreibung der Naturphänomene keine quantitative Exaktheit. Doch sind die Näherungswerte, die physikalische und chemische Gegenstände liefern, für die praktischen Zwecke im Grossen und Ganzen genügend.»

Naturwissenschaften und Technik liefern also kein absolut sicheres Wissen, aber die wissenschaftlichen und ingenieursmässigen Methoden von Naturwissenschaft und Technik geniessen bei den Menschen ein hohes Vertrauen – und das zu Recht. Sie haben viele für die Praxis, also das Handeln, zuverlässige Erkenntnisse hervorgebracht. Die mit den Methoden von Naturwissenschaft und Technik gewonnenen Erkenntnisse liefern insofern «sichereres» Wissen verglichen mit den «weicheren Methoden», der «Soft Science» des eigentümlichen Verstehens, auf das wir nun zu sprechen kommen.

Eigentümliches Verstehen und Mutmassen

Während es bei den Naturwissenschaften um objektiv testbare Zusammenhänge zwischen äusseren (metrischen, also mess- oder zählbaren) Grössen geht, kommt mit der wissenschaftlichen Methode des Verstehens ein subjektives Element ins Spiel, nämlich das eigentümliche (meint: persönliche oder subjektive) Relevanzurteil. Das

---

[4] Ludwig von Mises, Die Letztbegründung der Ökonomik (2016), S. 91.

Verstehen ist die klassische Methode der *empirischen Geisteswissenschaften*, der Sozial- und Geschichtswissenschaften.

Die wissenschaftliche Methode des eigentümlichen Verstehens beruht letztlich auf persönlichen Relevanzurteilen, zu Deutsch: Bedeutsamkeitsurteilen. Beispielsweise wie bedeutsam war der Vertrag von Versailles für die späteren Ereignisse in der Weimarer Republik. Oder wie bedeutsam war die Einführung eines Mindestlohnes für die Anhebung des Wohlstandes der Arbeiter.

Anders als Werturteile sind Bedeutsamkeitsurteile nicht Ausdruck einer Vorliebe, sondern eine persönliche Einschätzung, wie relevant (bedeutsam) ein Ereignis A für ein Ereignis B ist.

Ludwig von Mises schrieb: «Die Entdeckung und Abgrenzung des Verstehens war eine der wichtigsten Beiträge der Erkenntnistheorie. [...] Der Anwendungsbereich von Verstehen ist das geistige Begreifen von Phänomenen, die nicht vollkommen mit den Mitteln der Logik, der Mathematik, der Praxeologie und der Naturwissenschaften aufgeklärt werden können, insoweit sie von diesen Wissenschaften eben nicht erklärt werden können.»[5]

Annahmen, die mit der Methode des Verstehens getroffen werden, können anhand der objektiven, also unpersönlichen Methoden der anderen Wissenschaftszweige überprüft werden, also ob sie

- gegen Denkgesetze der Logik oder Handlungslogik (Praxeologie) verstossen,

- mathematisch falsche Schlüsse enthalten oder

---

[5] Ludwig von Mises, Human Action (1949), S. 50.

- im Widerspruch stehen zu naturwissenschaftlich Erkenntnissen.

Beispielsweise kann die Aussage, ein Mindestlohn habe allgemein den Wohlstand der Arbeitnehmer gehoben, widerlegt werden, denn aus der Praxeologie wissen wir, dass ein Mindestlohn unterhalb des Marktlohnes wirkungslos bleibt, ein Mindestlohn oberhalb des Marktlohnes unter sonst gleichen Umständen tendenziell zu Arbeitslosigkeit führt.

Sofern aber mit der Methode des Verstehens aufgestellte Thesen nicht gegen eine der vorgenannten «harten» Wissenschaften «verstossen», verbleibt ein persönliches Element, das nicht nach einem objektiven Standard testbar ist. Das ist genau der Grund, warum die Analysen der Historiker, der Soziologen oder der empirischen Volkswirte so weit auseinandergehen. Der geschichtliche Prozess ist unumkehrbar fortschreitend und nicht wiederholbar. Es wirken viele Ursachen zusammen, die nicht isoliert werden können. Es ist ein komplexer Prozess mit Rückkoppelungen, was sogar so weit geht, dass die Äusserungen von Intellektuellen oder Volkswirten zu Verhaltensänderungen führen können, die es ohne diese Äusserungen gar nicht gegeben hätte.

Zudem sind uns im Bereich des Verstehens manchmal zwar einige Faktoren bekannt, die wir für bedeutsam für ein gewisses Ereignis halten, aber oft nicht alle. Und der Streit darüber, welches die relevanten Faktoren sind und *wie relevant* diese Faktoren sind, lässt sich nicht nach überpersönlichen Kriterien entscheiden, weil es viele verschiedene Ursachen gibt, diese nicht isolierbar sind und das Geschehen oder «die Krise» nicht wiederholbar sind.

Sofern Annahmen nicht die Analyse der Vergangenheit betreffen, sondern künftiges Geschehen, können wir anstatt von Verstehen von Mutmassen sprechen. Aufgrund beispielsweise wirtschaftsgeschichtlicher oder sozialgeschichtlicher Analysen werden Voraussagen oder Einschätzungen für die künftige Entwicklung gegeben. Da diese Einschätzungen auf Grund von Analysen vergangener komplexer nicht-wiederholbarer Geschehnisse getroffen werden, enthalten sie ebenso persönliche Bedeutsamkeitsurteile, aber eben nicht in dem Sinne, wie bedeutsam war Ereignis A für Ereignis B, sondern wie bedeutsam *werden* etwa die Ereignisse A und B für das Ereignis C in der Zukunft *sein*.

Die Statistik als Methode der Geschichtsschreibung mit Zahlen

Zur Methode des Verstehens gehört auch die Statistik. Ludwig von Mises beschrieb bereits, dass die Statistik ein Mittel der Geschichtsschreibung mit Zahlen sei. Statistiken werden dort verwendet, wo kausale Zusammenhänge nicht sicher bekannt sind. Niemand fertigt eine Statistik darüber an, wie oft ein Glas zu Boden fällt, wenn man es loslässt, weil wir von den Naturwissenschaften wissen, dass es jedes Mal zu Boden fällt. Und wenn eine Statistik aussagt, dass in 95% der Fälle auf A B folgt und in 5% der Fälle C, dann heisst das, dass wir unvollständiges Wissen über A haben. Hätten wir vollständiges Wissen über A, könnten wir sagen, dass auf A1 stets B und auf A2 stets C folgt.

Der Anwendungsbereich des eigentümlichen Verstehens oder Mutmassens ist also das geistige Verstehen von Phänomenen, die nicht vollkommen mit den Mitteln der Logik, der Mathematik, der Praxeologie und der Naturwissenschaften aufgeklärt werden können, eben *insoweit* sie von diesen Wissenschaften nicht erklärt werden können.

Im Übrigen spricht überhaupt nichts per se gegen die Methode des eigentümlichen Verstehens beziehungsweise Mutmassens. Viele wollen ihre Vergangenheit verstehen. Die Menschen mutmassen, wie sich Freund X verhalten wird, wenn man selbst Y tut. Jeder Unternehmer mutmasst bei der Produktionsplanung, wie viele Waren seine Kunden nächstes Jahr abnehmen werden.

Es steht uns in solchen Fällen schlicht keine sicherere Methode zur Verfügung als die des eigentümlichen Verstehens beziehungsweise Mutmassens. Wir greifen zurück auf unsere Erfahrungen, treffen Einschätzungen, nutzen unsere Intuition und erstellen Modellrechnungen.

Und immer wieder liegen Laien wie auch Experten falsch, von Fussball-Experten über Hauptstromökonomen bis hin zu Unternehmern oder ganz normalen Menschen in ihrem Alltag. Verstehen ist die Methode, die jeder von uns anwendet, wenn er die Vergangenheit verstehen will oder Mutmassungen über die Zukunft anstellt.

Das «informierte» Verstehen und Mutmassen der Experten

Der Unterschied zwischen dem Verstehen und Mutmassen von Laien und Experten ist kein kategorischer, sondern ein gradueller. Der Unterschied ist, dass die Experten in ihrem jeweiligen Fachgebiet «informiertere» Mutmassungen anstellen können als der Laie, informierter im Sinne von «weitestgehend von Widersprüchen befreit».

Aber auch das informierte Mutmassen der Experten, die in ihrem Metier über besonders viel Expertise und Renommee verfügen, führt keineswegs zu sichererem Wissen. Gerade Expertenmeinungen gehen oft diametral auseinander. Informiertes Mutmassen und Verstehen könnte man gegenüber den vorgenannten «harten Wissenschaften» deshalb auch als «Soft Science» bezeichnen, da mit dieser Methodik keine vergleichbare, überindividuelle Gewissheit zu erlangen ist.

Wissenschaften mit kombinierter Methodik

Heute ordnen die Leitmedien einige Wissenschaftszweige grobschlächtig den Naturwissenschaften zu, obwohl es sich um eine kombinierte Methode aus dem Verstehen der Geisteswissenschaften und dem objektiven, wiederholbaren und isolierbaren Testen der Naturwissenschaften handelt. Zu diesen Hybrid-Wissenschaften mit kombinierter Methodologie gehören beispielsweise die heutigen Klimawissenschaften, die Meteorologie und zum Teil auch die Biologie und die Psychologie, sofern sie sich mit Verhalten oder Handeln befassen, wie auch die Wissenschaften, die sich mit dem Verlauf von Krankheitswellen befassen.

Die informierten Mutmassungen der Klima-Experten

In der Klimawissenschaft gelten zum Beispiel einige Ursachen-Wirkungs-Zusammenhänge als bekannt, etwa wie sich in geschlossenen Systemen eine Erhöhung der CO_2-Konzentration auf die Temperatur auswirkt. Die Erde ist jedoch kein vergleichbares geschlossenes System: Vielmehr gibt es weitere Einflussfaktoren auf die Temperatur, wie etwa die Wolkenbildung, Sonneneinstrahlung, Luft- und Meeresströmungen etc. Und diese reagieren wiederum untereinander. Zudem findet mit der Photosynthese ein «Gegenprozess» statt: Pflanzen verwenden CO_2, um ihre Struktur aufzubauen. Darüber hinaus ist das Erdklima nicht wiederholbar. Es handelt sich also beim Erdklima um ein komplexes geschichtliches Phänomen mit Rückkoppelungen.

Wie bedeutsam der Faktor «menschliche CO_2-Emmissionen» im Hinblick auf Temperatur und Meeresspiegel ist, lässt sich also nicht zweifelsfrei feststellen, weil Daten, die aus historischen, komplexen Phänomenen mit Rückkoppelung gewonnen werden, von vornherein nicht den Beweis für kausale Zusammenhänge erbringen können.

So ist denn die Aussage des IPCC, also des Weltklimarates, dass sich die Experten im Hinblick auf die Menschengemachtheit des Klimawandels zu «über 95 Prozent» sicher seien, eine Aussage, die wir in der klassischen Naturwissenschaft nicht erwarten würden.[6] Wenn ich Ihnen sage, dass ich mir zu 95 Prozent sicher bin, dass dieses Glas zu Boden fällt, wenn ich es loslasse, werden Sie annehmen, dass ich nicht von einer Naturgesetzlichkeit ausgehe.

Zudem sind die «über 95 Prozent» nicht errechnet, sondern abgestimmt. Und die Angabe einer numerischen Wahrscheinlichkeit, nämlich 95 Prozent, ist hier nur eine Metapher zur Klassenwahrscheinlichkeit der Mathematik.

---

[6] Vergleiche hierzu ausführlich: Andreas Tiedtke, Der Nachweis eines menschengemachten Klimawandels ist nicht erbracht. Eine erkenntnistheoretische Kritik, 2017: https://www.misesde.org/2017/11/der-nachweis-eines-menschengemachten-klimawandels-ist-nicht-erbracht-eine-erkenntnistheoretische-kritik

Auch die berühmte Aussage, dass sich 97 Prozent der Experten sicher seien im Hinblick auf die Menschengemachtheit des Klimawandels, befördert nicht den Eindruck, dass die Experten selbst davon ausgehen, dass sie unpersönliche, also objektive, Erkenntnisse darlegen, sondern eben eigentümliche, persönliche Bedeutsamkeitsurteile. Denn ansonsten macht es keinen Sinn, die relative Anzahl der Personen anzugeben, die zu einer Annahme gelangt sind.

Und Abstimmen ist keine wissenschaftliche Erkenntnismethode, sondern bei Abstimmungen geht es um das Zählen von Wert- oder Bedeutsamkeitsurteilen, ohne dass das Abstimmungsergebnis selbst ein Wert- oder Bedeutsamkeitsurteil ist, sondern es ist schlicht ein mathematisches Verhältnis von Grössenzahlen.

Sie werden kaum je gehört haben, dass bei einem Experiment 97 Prozent der Teilnehmer beobachten konnten, dass das Glas zu Boden fiel, aber für 3 Prozent fiel es nicht zu Boden. Und 3 Prozent kann eine grosse Zahl bedeuten. Das würde bedeuten, dass bei 264'736 Schweizern die Gläser nicht herunterfallen, wenn sie sie loslassen. Wir würden in diesem Fall nicht von einer Kausalität ausgehen.

Zudem sagen die 97 Prozent nichts darüber aus, für *wie bedeutsam* diese Experten den menschengemachten Anteil halten. Mehr als 1 Prozent? Mehr als 10 Prozent? Oder gar mehr als 50 Prozent?

Und selbst wenn sich zwei Klimawissenschaftler im Hinblick auf die Datensätze völlig einig sind und wenn die Bedeutsamkeit, die sie gewissen Einflussfaktoren beimessen, weder naturgesetzlichen noch mathematischen oder logischen Erkenntnissen widersprechen, können sie dennoch zu unterschiedlichen Prognosen gelangen. Und ebenso kann ein und derselbe Klimawissenschaftler zu zwei verschiedenen Zeitpunkten zu unterschiedlichen Ergebnissen gelangen.

Die informierten Mutmassungen der Corona-Experten

Auch bei den Mutmassungen im Zusammenhang mit den staatlichen Zwangsmassnahmen im Hinblick auf die Krankheitswelle «Corona» (in den Jahren 2020 bis 2022) haben wir es mit informierten eigentümlichen, also subjektiven Mutmassungen zu tun. Auch hier kamen verschiedene Experten zu verschiedenen Mutmassungen im Hinblick auf Ansteckung, Gefährlichkeit und welche Massnahmen zu ergreifen wären. Das Virus wurde mit verschiedenen Tests aufgespürt und schon im Hinblick auf die Aussagefähigkeit der Tests gab es unterschiedliche Experten-Meinungen. Zudem war fraglich, ob jemand *an oder mit* Corona verstorben sei, weil Vorerkrankungen eine Rolle spielten. Darüber hinaus steckten sich nicht alle an, die mit Infizierten in Kontakt kamen, und diese Tatsache wurde ebenfalls unterschiedlich interpretiert. Und auch bei einer Krankheitswelle fehlt es an der Wiederholbarkeit und der Isolierbarkeit der Zusammenhänge zwischen Grössen. Es handelt sich bei einer Pandemie daher ebenfalls um ein komplexes geschichtliches Phänomen mit Rückkoppelungen.

Deshalb kann selbst im Nachhinein nicht gesagt werden, wer Recht hatte. Denn welche Faktoren sich wie ausgewirkt haben, hängt eben von persönlichen Bedeutsamkeitsurteilen ab. Man kann eine Pandemie nicht unter den gleichen Bedingungen wiederholen, die Zusam-

menhänge sind komplex, also nicht isolierbar und rück-
gekoppelt.

Überbevölkerung

Ein weiteres populäres Narrativ ist das von der Überbevölkerung. Hier bringen Experten vor, dass es zu viele
Menschen auf dem Planeten gäbe. Dabei handelt es sich
um ein persönliches Bedeutsamkeitsurteil, wenn einer
etwa meint, «zu viel» im Hinblick auf das, was die Erde
ressourcenmässig verkraften kann. Und wenn einer
meint, weniger wären besser aus seiner Sicht, etwa weil
dann die Natur unberührter wäre, dann handelt es sich
um ein subjektives Werturteil.

Grenzen des Wachstums

Auch das Narrativ der «Grenzen des Wachstums» ist ein
beliebtes, um politisches Handeln zu begründen. Dabei
ist Wohlstand von vornherein nicht messbar, weil er ein
psychisches Phänomen ist. Was aber keine Grösse der
Aussenwelt ist, kann in der Aussenwelt auch an keine
physische Grenze stossen.

**Wie sicher oder objektiv ist das mit welcher Methode
gewonnene Wissen?**

Das Verständnis – oder die Einschätzungen – die mit den
Methoden des Verstehens und Mutmassens oder kombi-
nierten Methoden erlangt werden können, sind gegenüber den Erkenntnissen, die wir mit den apriorischen
Wissenschaften (Mathematik, Logik und Praxeologie)
und den Naturwissenschaften erlangen können, weniger
sicher und auch nicht objektiv.

Bei den klassischen Naturwissenschaften haben wir objektive, also unpersönliche oder überpersönliche Standards, die für jedermann zu jeder Zeit gleich sind, wie etwa Kilogramm, Meter, gasförmig, rot, Apfel und so weiter. Es hängt nicht von persönlichen Bedeutsamkeitsurteilen ab, wie ein Experiment verläuft oder wie eine technische Anwendung funktioniert. Und obgleich sich Kausalität aus den Naturwissenschaften selbst heraus nicht beweisen lässt, geniessen die Naturwissenschaften grosses Vertrauen in der Bevölkerung, weil sich die Erkenntnisse über einen langen Zeitraum als zuverlässig erwiesen haben.

Die Logik selbst ist für jedermann gleich. Die Axiome mögen angezweifelt werden, aber sobald man die Axiome als gültig anerkennt, sind die Schlussfolgerungen zwingend – oder eben nicht. Die A-priori-Wissenschaften liefern also sicheres Wissen in diesem Sinne.

Im tatsächlichen Verlauf der Ereignisse bei komplexen Phänomenen mit Rückkoppelungen, wie etwa der Erdgeschichte, der Klimageschichte oder der Menschheitsgeschichte, reichen uns die apriorischen Wissenschaften und die Naturwissenschaften jedoch nicht aus, um zu verstehen, was passiert ist oder abzuschätzen, was passieren wird. Hier kommen das Verstehen und Mutmassen zum Einsatz als Erkenntnismittel sowie kombinierte Methoden mit anderen Wissenschaften. Und hier liegt vergleichbar unsicheres Wissen vor, weil konstante, isolierbare Zusammenhänge zwischen messbaren Grössen nicht bekannt sind und die Bedeutsamkeitsurteile persönliche Einschätzungen sind.

Mit Popper gegen Popper[7]

Dem Philosophen Karl Popper (1902-1994) wird das Verdienst zugeschrieben, mit seinem «Falsifikationismus» definiert zu haben, was eine «wissenschaftliche» Hypothese ist. Im Hinblick auf die Naturwissenschaften war dadurch nicht viel gewonnen, denn ob sich eine Annahme über einen Zusammenhang zwischen messbaren Grössen als wahr oder falsch herausstellt, ist letztlich nicht entscheidend, wie wir bereits oben gesehen haben.

Als Gegner von Marx' Historizismus ist Poppers Falsifikationismus aber bei der Anwendung in Bezug auf das Verstehen und Mutmassen, das in den empirischen Sozialwissenschaften zum Einsatz kommt, nicht frei von Widersprüchen. Bezogen auf Hypothesen betreffend den Verlauf der Geschichte meint Popper, dass eine «wissenschaftliche» Überprüfung im Sinne des Falsifikationismus nicht möglich sei; und das leuchtet ein, weil historische Abläufe nicht wiederholbar und komplex sind und Bedeutsamkeitsurteile über Zusammenhänge zwischen Ereignissen nicht von jedermann jederzeit getestet werden können. Bei den Sozialwissenschaften wie der Ökonomie oder der Soziologie will Popper aber Hypothesen sozusagen in den Rang naturwissenschaftlicher Hypothesen erheben, wenn sie «testbar» sind.

Hier setzt die Kritik des Philosophen und Ökonomen Anthony de Jasay (1925-2019) an. Popper sagt, eine empirisch-geisteswissenschaftliche Hypothese sei dann testbar, wenn sie «piecemeal», also «stückchenweise» auf ihr Richtigkeit – oder Falschheit – hin überprüft werden könnte. Popper lege sich aber, so de Jasay, nirgends

---

[7] Zu Nachweisen und Beispielen vergleiche Andreas Tiedtke, Der Kompass zum lebendigen Leben (2021), S. 32 ff.

dahingehend fest, was «stückchenweise» überprüfbar bedeute. Dem Sinnzusammenhang von Poppers Aussagen könne man aber entnehmen, dass er meine, etwas sei «stückchenweise» überprüfbar, wenn es «testbar» sei. Es handelt sich bei Poppers Argument also um eine nicht informative Tautologie, eine stets wahre Aussage, die keinen zusätzlichen Erkenntnisgewinn bringt: ein Zirkelschluss.

Nach Popper ist zwar der Gang der Geschichte nicht wissenschaftlich voraussagbar, weil nicht testbar, aber «Teile der Geschichte», einzelne soziale Phänomene, etwa Ursachen des Rückgangs von Arbeitslosigkeit oder wirtschaftliche Entwicklung, könnten wissenschaftliche getestet werden, weil sich Aussagen hierüber als falsch herausstellen könnten. Aber jede Ist-Aussage ist «falsifizierbar»; das macht sie jedoch noch nicht zu einer Aussage, die mit den Hypothesen der Naturwissenschaften auf «gleichem Niveau wissenschaftlich» wäre. Wenn Sie voraussagen, dass Ihr Lieblings-Fussballverein nächstes Wochenende 3:2 gewinnt, dann kann dies geschehen oder nicht. Ebenso, wenn Sie die Lottozahlen voraussagen. Und auch umgekehrt: Wenn Ihre getippten Lottozahlen tatsächlich gezogen werden, bedeutet das nicht, dass Ihr «Lotto-System» nicht falsifiziert werden konnte, sondern Sie hatten Glück.

In Folge von Poppers Postulation der Wissenschaftlichkeit des «Social Engineering» (ingenieursmässiges Steuern der Gesellschaft) meinen die Sozial- und Politikwissenschaftler, im Prinzip mit denselben wissenschaftlichen Methoden zu arbeiten wie die Naturwissenschaftler oder Mathematiker. Sie übersehen, dass die persönlichen Bedeutsamkeitsurteile, die sie verwenden, eben persönlich sind und nicht zwingend für andere

Personen. Es sind eigentümliche, persönliche Interpretationen von Korrelationen innerhalb komplexer Geschehnisse mit Rückkoppelungen und darauf aufbauende Mutmassungen über künftige Geschehnisse.

Es gibt Korrelationen, also scheinbare Zusammenhänge zwischen Grössenveränderungen, bei denen wir eine Kausalität als absurd zurückweisen, wie beispielsweise die Veränderung der Anzahl der Girokonten in Deutschland und die Veränderung der Zahl der Lieder und Instrumentalstücke im Zentralarchiv der Österreichischen Volksliedwerke.[8] Aber auch wenn ein Zusammenhang offensichtlich zu sein scheint, wie etwa der Rückgang der Todesfälle bei Verkehrsunfällen und die Einführung des Gurtzwanges im Strassenverkehr, muss dennoch keine Einigkeit zwischen Forschenden darüber erzielt werden, wie bedeutsam die Einführung des Gurtzwanges gegenüber anderen möglichen Ursachen war, wie etwa der Einführung von Airbags, Bremsassistenten, Knautschzonen, Geschwindigkeitsbeschränkungen, zunehmende Verkehrsüberwachung, Verminderung der Promillegrenze, längere Fahrausbildung, Beschränkungen für Fahranfänger und so weiter.

Das mit den Methoden des Verstehens und Mutmassens gewonnene «Wissen» kann also von vornherein nicht als objektiv «wahr» oder «falsch» erwiesen werden, weil diesen Methoden zu eigen ist, dass sie persönliche Bedeutsamkeitsurteile enthalten, die eben nicht unpersönlich, also objektiv testbar sind. Es ist deshalb kein Wunder, dass sich die Hypothesen der Experten in Wissenschaftsbereichen widersprechen, die diese Methoden

---

[8] Obwohl die Korrelation mit 0,9908 besonders hoch ist; weitere Beispiele: Andreas Tiedtke, Der Kompass zum lebendigen Leben (2021), S. 35.

verwenden, wie etwa Klimaforschung oder empirische Volkswirtschaft, sondern es liegt in der Natur der Sache, ist in der Methodik selbst begründet.

Vorlieben sind keine Grössen – über den Unterschied zwischen Ordinal- und Kardinalzahlen

Nach dieser Einführung in die praxeologische Epistemologie, nach der die Erkenntnis ein Mittel der Handelnden ist, können wir nun den grundsätzlichen Unterschied zwischen Vorlieben und Grössen betrachten. Damit lässt sich der «utilitaristische Sündenfall» der Aufklärung betrachten, die mathematisch unzulässige Umformung oder Substitution nicht quantitativer Ordinalzahlen in Kardinalzahlen.

In der Naturwissenschaft haben wir es mit objektiv messbaren Grössen und Anzahlen zu tun, weshalb Kardinalzahlen, also Grössenzahlen, in der Naturwissenschaft sinnvoll zur Beschreibung von Zusammenhängen verwendet werden können. In der Praxeologie werden Vorlieben (Präferenzen) mit Ordinalzahlen (Ordnungszahlen) beschrieben. Also erstens, zweitens, drittens und so weiter anstatt eins, zwei, drei. Wenn Sie erstens, mit einem Freund ins Kino gehen, gegenüber zweitens, alleine zu Hause bleiben, vorziehen, dann enthält diese Präferenzskala keine quantitativen Informationen darüber, *wie sehr* sie erstens gegenüber zweitens vorziehen:

1. Ins Kino gehen
2. Zu Hause bleiben

Und da es sich bei Präferenzen um persönliche, subjektive Vorlieben handelt, gibt es auch keine Möglichkeit, sie mit den Präferenzen eines anderen anhand eines objektiven Standards zu vergleichen, also zu messen.

Denn Vorlieben sind ein psychisches Phänomen und sie können nur vage in Begriffen ausgedrückt, aber nicht nach einem unpersönlichen Massstab gemessen werden. Heute meinen viele Menschen, dass man den Willen eines Kollektivs, etwa der Gesellschaft oder des Volkes, mit dem Zählen von Vorlieben ermitteln könnte. Dies scheitert aus zwei Gründen.

Erstens lassen sich mit Präferenzen, die mit Ordnungszahlen ausgedrückt werden, keine algebraischen Rechenoperationen durchführen. Wenn Sie erstens und drittens addieren, kommt nicht viertens heraus. Zählt man die Stimmen für A und B von hundert Abstimmenden zusammen, und gelangt man so beispielsweise zu dem Ergebnis, dass 51 A gewählt haben und 49 B, dann enthält dies keine quantitativen Informationen darüber, *wie sehr* die 51 Abstimmenden A gegenüber B vorgezogen haben. Da Ordinalzahlen keine quantitativen Informationen enthalten, ist Abzählen an sich eine logisch unzulässige Operation, denn man tut dann so, als würden sie grössenmässige Informationen enthalten, und zählt man jeden Wahlakt gleich, geht man davon aus, dass die Vorlieben aller gleich «gewichtet» werden könnten.

Was hier gemacht wird, ist eine logisch unzulässige Substitution, um die Wahlakte, also Vorlieben ohne quantitative Informationen, umzuformen in Grössen, Kardinalzahlen. Man substituiert den Nutzen einer Person mit 1, man zählt Köpfe. Zählt man Wahlakte, steht am Ende des Zählens logischerweise kein Wahlakt, keine Präferenz, sondern eine Grössenzahl, wie sie eben das Ergebnis algebraischen Abzählens ist, aber nicht subjektiven Wertens.

Das mittelbare Zählen von Wahlakten kann Sinn machen, dort, wo man am Ende der Rechenoperation eine Grössenzahl sinnvoll verwenden kann. Beispielsweise wenn der Bäcker zählt, wie viele Brezel und Brötchen er verkauft hat, um seine Produktion danach auszurichten. Er zählt Grössen und erhält am Ende verschiedene Anzahlen von Grössen (Brötchen und Brezel). Aber der Bäcker meint nicht, am Ende durch das Ins-Verhältnis-Setzen der Grössenzahlen einen *kollektiven Kundenwillen* ermittelt zu haben. Ihm kann es auch egal sein, *wie sehr* die jeweiligen Kunden Brezel gegenüber Brötchen vorgezogen haben – oder umgekehrt –, da es nicht darum geht, wie sehr seine jeweiligen Kunden das Eine gegenüber dem Anderen vorgezogen haben.

Aber wenn beispielsweise bei einer betrachteten Gruppe von fünf Menschen vier wählen, einen fünften zu misshandeln, dann ist es absurd zu behaupten, 80 Prozent der Gruppe wollten die Misshandlung oder die Gruppe will die Misshandlung zu 80 Prozent. Es wird so getan, als würde man das Leid des Misshandelten mit eins gewichten können und den Nutzen der Täter ebenfalls mit eins. Aber die Vorlieben beziehungsweise das Leid, also der Nutzen beziehungsweise Un-Nutzen, sind psychische Phänomene, die sich nicht objektiv vergleichen lassen.

Das deutsche Bundesverfassungsgericht erkannte in seiner Entscheidung über die Unzulässigkeit der Abschussermächtigung im deutschen Luftsicherheitsgesetz 2006, dass sich Leid und Nutzen als nicht-metrische Phänomene nicht sinnvoll algebraisch vergleichen liessen. Das Gericht meinte sinngemäss, dass menschliches Leben unvergleichbaren oder «unendlichen» Wert habe, sodass sich Rechenoperationen in Bezug auf die Lebens-

dauer oder die Anzahl möglicher Opfer verbieten würden. Und das bekannte Trolley-Problem[9] ist einfach lös-
bar, wenn man es handlungslogisch betrachtet und keine
«moralisch beste» Entscheidung als Ergebnis verlangt,
sondern einsieht, dass derjenige, der die Weiche verstel-
len kann, gemäss seiner Präferenz entscheiden wird, wie
auch immer die sein mag.

Der zweite Fehlschluss beim Zählen von Wahlakten ist, dass ein Kollektiv, eine Gesellschaft, eine Nation
oder die Menschheit mit einem handelnden Wesen aus
Fleisch und Blut gleichgesetzt werden. Dieser Denkfehler
wird Hypostasierung genannt, also einem Gedankenge-
bilde eine unmittelbare Realität zuzuschreiben, die es so
nicht hat. Es ist das Individuum, der Einzelne, der handelt. Menschen können selbstverständlich auch in Gruppen handeln, miteinander und gegeneinander, aber dann
ist der Wille der Gruppe nur dann mit den Willen der
Einzelnen identisch, wenn die Gruppe einvernehmlich
handelt, also alle in Bezug auf eine Handlung dasselbe
wollen.

Ein Zählakt wird nur dann zu einem Wahlakt,
wenn alle einvernehmlich das Zählen von Wahlakten als
Mittel wählen, um in der Gruppe zu einer Übereinkunft
zu gelangen. Ist jedoch nur einer dagegen, wählt dies also
nicht, ist die Addition von Wahlakten zu Grössenzahlen
Humbug, wenn dann behauptet wird, dies sage etwas
über den «allgemeinen Willen» oder den «Volkswillen»
aus.

---

[9] Sinngemäss kann eine Person an einer Weiche die Fahrt eines Trolleys (Stras-
senbahnwagens) verändern, und beim Eingreifen der Person würde eine ge-
ringere Anzahl von Menschen vom Trolley überrollt werden.

Die übergeordnete Frage ist, mit welcher Methode man zu welchem Wissen gelangen kann. Mit der Methode des Abzählens von Vorlieben kann man denklogisch nicht dazu kommen, einen Gruppenwillen zu ermitteln. Diese Methode, das Mehrheitsprinzip, auch wenn es von vielen Menschen als Mittel «kollektiver Entscheidung» erachtet wird, ist keine wissenschaftliche Methode, sondern gehört eher in den Bereich des Spiritismus, der Zahlenmagie. Grössenzahlen mögen hier den Anschein von Rationalität vermitteln, in Wirklichkeit werden sie in mathematisch-logisch widersprüchlicher Weise verwendet.

Was bedeutet Unsicherheit in Bezug auf die Beweislast für die Begründung von Zwang?

In den westlichen Demokratien spielt das Mehrheitsprinzip bei der Begründung von Zwang eine wesentliche Rolle. Bereits oben haben wir dargestellt, dass sich mit dem Abzählen von Wahlakten aber kein Volkswille ermitteln lässt. Bei den Narrativen Klimaveränderungen oder Krankheitswellen lassen es die politischen Unternehmer[10] auch nicht dabei bewenden, dass sie «eine Mehrheit hinter sich wissen» und deswegen allein aus Machtgesichtspunkten überlegen seien, sondern sie versuchen, die Zwangsmassnahmen «wissenschaftlich» zu

---

[10] Der deutsche Ökonom, Soziologe und Arzt Franz Oppenheimer (1864 – 1943), unterschied ökonomisches von politischem Handeln. Während das ökonomische Handeln der *freiwillige Austausch* ist, ist das politische Handeln das *Bewirtschaften des Menschen mit dem politischen Mittel Zwang* (Oppenheimer, Der Staat, 1929). Derjenige, der planmässig Zwang zur regelmässigen Einkünfteerzielung einsetzt, kann also – in Erweiterung Ludwig von Mises handlungslogischen Unternehmerbegriffes – als politischer Unternehmer bezeichnet werden, im Gegensatz zum ökonomischen Unternehmer, der das ablehnbare Angebot als Mittel zur Einkünfteerzielung einsetzt.

«begründen», Massnahmen wie etwa Energiesteuern, Produktverbote (Glühbirnen, Haushaltsstaubsauger mit hoher Leistung), Maskenzwang, Impfzwang (Ungeimpfte dürfen bestimmte Orte nicht aufsuchen) etc.

Ich sage bewusst «begründen» und nicht «rechtfertigen», weil Recht dem Handeln nicht vorausgesetzt ist. Vielmehr wird Recht erst durch normative Interaktion, also Vereinbarungen, begründet. Im Gegensatz zu einem Maskenzwang würde eine Maskenpflicht bedeuten, dass sich jemand freiwillig, also ungezwungen, zum Tragen einer Maske verpflichtet. Kommen hingegen A und B überein, dass C eine Maske zu tragen hat, und drohen sie C für den Fall der «Zuwiderhandlung» ein Übel an, etwa Bussgeld oder Rausschmiss oder dergleichen, handelt es sich um einen Vertrag zu Lasten Dritter. Der C hat bei der normativen Interaktion, die alleinig rechtsbegründend sein kann, nicht mitgewirkt, und deshalb kann der Zwang ihm gegenüber nicht Recht sein, also auch nicht gerechtfertigt werden.

Mit begründen meine ich, dass sie für den Zwang, also das Androhen und letztlich Liefern von Übeln wie Zwangsgeld, Zwangshaft und unmittelbarem Zwang, also Gewalt, eine Begründung suchen, die nicht alleine darin besteht, dass sie nun einmal die Macht dazu haben. Sie versuchen, den Gezwungenen nachzuweisen, dass diese selbst potenzielle Schädiger sind und dass sie, die politischen Unternehmer, den Zwang einsetzen, um die so Bedrohten selbst und deren Mitmenschen vor Gefahren zu schützen.

Im Justizwesen erkannte man über die Jahrhunderte, dass Zwang selbst das Zufügen eines Übels ist. Wenn also jemand behauptet, dass er den Zwang nur einsetzt, um Gefahren abzuwenden oder Schaden zu vergelten, dann muss er dies beweisen können. Ansonsten würde man ja mit Sicherheit Schaden zufügen, um nur einen eventuell möglichen Schaden abzuwenden oder eine womöglich gar nicht geschehene Tat zu vergelten.

Prinzipien friedlichen Handelns – in dubio pro reo und primum non nocere

Die Juristen entwickelten daher für den Strafprozess Prinzipien, die denklogisch notwendig sind, wenn man verhindern möchte, dass man selbst initiierender Schädiger wird. Etwa, dass der Beschuldigte keine Angaben zur Sache zu machen braucht und ihm das nicht zur Last gelegt werden darf, weil nicht der Beschuldigte seine Unschuld, sondern die Justiz seine Schuld nachzuweisen hat. Und den Grundsatz *in dubio pro reo*, also im Zweifel für den Angeklagten. Denn wenn eine Schädigung nicht mit «an Sicherheit grenzender Wahrscheinlichkeit» nachgewiesen werden kann, dann handelt es sich eben nicht um Vergeltung, sondern selbst um einen Angriff.

Eine andere Formulierung für «mit an Sicherheit grenzender Wahrscheinlichkeit» der Justiz ist, dass «keine vernünftigen Zweifel mehr verbleiben dürfen». In einem weiten Sinne kann man *in dubio pro reo* auch verstehen als «im Zweifel füge kein Leid zu». Es handelt sich um ein apriorisches Prinzip friedlichen Zusammenlebens, wie auch der bekannte Satz *primum, non nocere!*, also «zuallererst füge kein Leid zu».

Um das sicherzustellen, ist im Strafprozess vielerorts eine Jury oder ein mehrköpfiges Richtergremium eingesetzt. Die Beweislast liegt alleine bei den Anklägern, und selbst wenn der Angeklagte sich in keiner Weise äussert, aber ein Geschehen möglich erscheint und nicht ausgeschlossen werden kann, bei welchem die Tat nicht erwiesen wäre, gilt der Grundsatz *in dubio pro reo* und der Angeklagte ist freizusprechen. Dabei können alle möglichen Verteidigungsmittel eingesetzt werden, neben dem Sachverständigenbeweis auch die Zeugenaussage und – natürlich – die Logik, also dass der Vortrag der Ankläger, der Belastungszeugen oder ein belastendes Sachverständigengutachten gegen Denkgesetze verstossen.

Die politischen Unternehmer bringen heute zur Belastung der Gezwungenen «wissenschaftliche Beweise» vor, die a priori nicht Beweis erbringen können. Wie wir gesehen haben, liefert die Methode des informierten Mutmassens im Hinblick auf komplexe historische Phänomene mit Rückkoppelung von vornherein kein sicheres Wissen. Beim Strafprozess geht es um einen abgeschlossenen Sachverhalt in der Vergangenheit, bei den Mutmassungen der Experten zu Krankheitswellen oder Klimaveränderungen geht es um lange Zeitspannen, oft Jahre oder Jahrzehnte. Zudem werden abweichende Expertenmeinungen heute zensiert oder die Experten, die sie äussern, werden verächtlich gemacht. Eine Diskussion findet überhaupt nicht statt. Das «The-science-is-settled-Argument» der politischen Unternehmer und der für sie tätigen Experten steht im Widerspruch zu dem, was wir a priori über die Methode des informierten Mutmassens aussagen können.

Zwangsmassnahmen nach dem Prinzip «Better-safe-than-sorry»

Das heute von den politischen Unternehmern propagierte «Better-safe-than-sorry-Prinzip»[11] ist eine Umkehrung, eine Verdrehung der Prinzipien friedlichen Zusammenlebens *primum non nocere* und *in dubio pro reo* ins Gegenteil. Wenn jedermann, jederzeit beweisen können müsste, dass er kein Gefährder oder Schädiger ist, da ansonsten Zwangsmassnahmen gegen ihn eingesetzt werden, dann sind der Anwendung von Zwang und dem Zufügen von Übeln keine Grenzen gesetzt. Und wir reden hier nicht über Kleinigkeiten. Die angeführten Zwangsmassnahmen führen dazu, dass Menschen ärmer werden, sich schlechter mit Lebensmitteln oder medizinisch versorgen können, sie ihre Familienplanung ändern müssen, sie schlechter Luft bekommen, medizinische Behandlungen aufschieben und so weiter. Betrachtet man eine grosse Anzahl von Menschen, bringen solche Zwangsmassnahmen Not, Elend und Tod. Und niemand ist in einer Position, den Nutzen, den solche Zwangsmassnahmen vorgeblich stiften, gegen das Leid «abzuwägen», das sie erzeugen, weil Nutzen und Leid eben subjektive Phänomene sind, die nicht mit einem unpersönlichen Standard verglichen werden können.

Wenden Menschen Zwang gemäss dem «Better-safe-than-sorry-Prinzip» gegen ihre Mitmenschen an, hat das zur Folge, dass es zu unzähligen aggressiven Handlungen gegen friedliche Menschen kommen muss, weil die Misshandelten mit den Methoden des eigentümlichen Verstehens und Mutmassens von vornherein ihre «Unschuld» genauso wenig beweisen können, wie die

---

[11] Etwa: «Auf-Nummer-sicher-gehen-Prinzip».

Aggressoren nicht in der Lage sind, eine künftige Schädigung zu beweisen.

Eine Gesellschaft, in der die Machthaber gemäss den gedanklichen Konzepten des «Better-safe-than-sorry-Prinzips» und des Rechtspositivismus Zwangsmassnahmen gegen Menschen durchsetzen, ist keine friedliche oder freundlich kooperierende Gesellschaft, sondern es ist ein Gewalterlebnispark, in dem Chaos und Unfriede herrschen. Die Menschen versuchen, dem Zwang auszuweichen, je schädlicher sie die Forderungen der politischen Unternehmer bewerten. Je höher das Grenzleid, dass durch die Massnahme erzeugt wird, die aufgezwungen wird, desto mehr ist der Betroffene bereit aufzugeben, um ihm zu entkommen. Jeder entscheidet dann selbst, «welcher Hügel es wert ist, auf ihm zu sterben». Um Umgehungen und Verstösse zu verhindern, müssen die politischen Unternehmer ein dichtes Netz an Überwachungen schaffen, die Strafen müssen hart sein und es müssen Exempel statuiert werden. Wächst der Unmut gegen die politischen Unternehmer, müssen Versammlungen verboten und Dissidenten abgestraft werden, um die Organisation von Widerstand zu verhindern.

Schlussendlich führen das «Better-safe-than-sorry-Prinzip» und die Erhebung der Methode des informierten Mutmassens in den Rang «gesicherten Wissens» – natürlich nur sofern es die Experten der politischen Unternehmer sind, die Mutmassungen anstellen – in den Totalitarismus, wie wir ihn aus dem 20. Jahrhundert kennen. Der Alltag wird nicht von freundlicher Kooperation bestimmt, sondern von Propaganda, Kommando und letztlich Zwang und Gewalt.

Recht entsteht durch freiwillige normative Interaktion

Die Gefahr auf der anderen Seite für die politischen Unternehmer ist, dass die Menschen in einer Grosszahl darauf kommen, dass Herrschaft an sich nicht gerechtfertigt werden kann, auch nicht die Herrschaft einer Mehrheit oder von Personen, die über ihre Herrschaft abstimmen lassen, weil Recht und damit Rechtfertigung nur durch normative Interaktion aller Beteiligten entstehen können. Nur die Zustimmung – nicht die hypothetische, sondern die wirkliche – zur Eingliederung in eine Hierarchie führt zu freundlichem hierarchisch organisiertem Handeln. Rechtmässige Herrschaft ist daher ein Oxymoron, ein Widerspruch in sich. Eine gesellschaftliche Hierarchie kann nur auf zwei Arten begründet werden: Entweder in feindlicher Art und Weise, also mit Zwang, dann gibt es Herrschaft und Knechtschaft, und das entspricht dem Prinzip der Macht und nicht des Rechts. Oder auf freundliche Art und Weise, ohne Zwang, dann gibt es Anleitung und freiwillige Gefolgschaft, und das entspricht dem Prinzip des Rechts.

Die politischen Unternehmer stehen also vor der Wahl, dass sie die Gesellschaft in den Totalitarismus, in Armut und Knechtschaft führen, wenn sie weiter nach den bisherigen Prinzipien agieren. Oder sie riskieren, ihre privilegierten Positionen zu verlieren, wenn sie zulassen, dass sich Gegenkräfte zu den Machthabern organisieren und für Frieden und Freiheit werben. Mit Wissenschaft, so haben wir gesehen, können sie das Aufrechthalten ihrer Herrschaft und den Weg in eine totalitäre Technokratie jedenfalls nicht rechtfertigen.

Was kann die Wissenschaft wissen und was nicht?

Michael Esfeld

Auf den ersten Blick kann man den Eindruck gewinnen, dass die politische Reaktion insbesondere auf die Corona-Virenwellen und den Klimawandel eine erfreuliche Entwicklung einläutet: Die Politik lässt sich von wissenschaftlichen Erkenntnissen leiten statt, wie sonst üblich, von den vielfältigen Interessengruppen. So etwas wäre in der Tat eine Sternstunde der Wissenschaft.

Das Gegenteil ist aber leider der Fall: Was hier als Wissenschaft auftritt, die politische Entscheidungen legitimiert, ist tatsächlich ein Versagen von Wissenschaft. Dieser Beitrag geht den Gründen dafür nach.

Meine These ist folgende: Was der Öffentlichkeit in diesem Zusammenhang als Wissenschaft präsentiert wird, wirft die beiden wesentlichen Grundpfeiler der modernen Wissenschaft über den Haufen. Das ist zum einen die Methode, der diese Wissenschaft ihren Erfolg verdankt; zum anderen ist es das Bewusstsein um die Grundlagen und damit auch die Grenzen dieser Wissenschaft. Die Folge dessen, diese beiden Grundpfeiler aufzugeben, ist, dass hier nur dem Namen nach Wissenschaft auftritt, der Sache nach es sich aber um eine Neuauflage der frühneuzeitlichen Staatsreligion handelt.

Um diese These zu erläutern, gehe ich auf die Grundlagen der Naturwissenschaft bei Descartes und Kant ein. Daran wird verständlich werden, wieso das, was wir zur Zeit erleben, Grenzen und Methode der Wissenschaft ausser Acht lässt.

Enormer technischer Fortschritt

René Descartes hat im *Discours de la méthode* (1637, 6. Teil) die bekannte programmatische Aussage formuliert «nous rendre comme maîtres et possesseurs de la nature», also uns zu Herren und Besitzern der Natur zu machen. Mit «Natur» meint Descartes hier in erster Linie die menschliche Natur, nämlich die Bekämpfung von Krankheiten und Seuchen. Erst dann kommt die nicht-menschliche Natur ins Visier, nämlich Erkenntnisse über die Bewegungsgesetze der Materie zu gewinnen, um die Lebensumstände der Menschen durch technischen Fortschritt zu verbessern.

In der Tat: Wenn man die Lebensumstände des 17. Jahrhunderts mit den heutigen vergleicht, stellt man einen gewaltigen Fortschritt fest. Seuchen wie die Pest töteten im 17. Jahrhundert 10-30 Prozent der gesamten Bevölkerung in Europa. Im Unterschied dazu liegt die Infektionssterblichkeit der Corona-Virenwellen bei nicht mehr als 0.25 Prozent und dürfte mit der Omikron-Variante noch einmal deutlich zurückgegangen sein.[1] Der Vergleich zwischen dem, was es zu Beginn der modernen Naturwissenschaft im 17. Jahrhundert an Seuchen gab, und dem, was uns heute als eine bedrohliche Pandemie dargestellt wird, spricht also Bände.

Zu verdanken haben wir dies dem enormen Fortschritt der Medizin. Dieser Fortschritt hat uns grossartige

---

[1] Siehe John P. A. Ioannidis, «Reconciling estimates of global spread and infection fatality rates of COVID-19: an overview of systematic evaluations», *European Journal of Clinical Investigation* 51 (2021), e 13554. Neuste Studie Cathrine Axfors und John P. A. Ioannidis, «Infection fatality rate of COVID-19 in community-dwelling populations with emphasis on the elderly: an overview», *medRxiv preprint*, DOI 10.1101/2021.07.08.21260210, 23. Dezember 2021.

Erfolge in der Bekämpfung einst tödlicher Krankheiten beschert. Was dieser Fortschritt nicht verhindern kann, ist, dass im hohen Alter das Immunsystem schwächer wird. Infolgedessen können Viren, die für die allermeisten Menschen harmlos sind, schwere Atemwegserkrankungen auslösen, die auch einen tödlichen Verlauf nehmen können. Schützen kann man sich dagegen am besten dadurch, dass man versucht, das eigene Immunsystem bestmöglich zu stärken. Politische Massnahmen – so genannte nicht-pharmazeutische Interventionen – können dagegen nahezu nichts ausrichten, wie inzwischen durch zahlreiche Studien belegt ist.[2]

Im 17. Jahrhundert konnte ein Mensch im Wesentlichen nicht mehr produzieren, als er durch Einsatz seiner Muskelkraft erreichen konnte. Dementsprechend floss der allergrösste Teil der Arbeitskraft in die Erzeugung von Nahrungsmitteln. Heute beansprucht die Sicherung der Ernährung in den allermeisten Teilen der Welt nur noch einen geringen Teil der Arbeitskraft.

Zu verdanken haben wir dies einem durch die Naturwissenschaft ermöglichten, gewaltigen technischen Fortschritt. Dieser Fortschritt hat nicht nur zu einem grossen Gewinn an Lebenszeit geführt – die durchschnittliche Lebenserwartung liegt in unseren Ländern inzwischen bei über 80 Jahren –, sondern auch zu einem

---

[2] Siehe dazu insgesamt Gunter Frank, *Der Staatsvirus*, Berlin: Achgut Edition 2021. Eine ausführliche Übersicht zu den Studien über die Massnahmen ist Jonas Herby, Lars Jonung, Steve H. Hanke, «A literature review and meta-analysis of the effectiveness of lockdowns on Covid-19 mortality», *Studies in Applied Economics* 200, Januar 2022. Siehe für die Gliedstaaten der USA Phil Kerpen, Stephen Moore und Casey B. Mulligan, «A final report card on the states' response to COVID-19», *National Bureau of Economic Research Working Paper Series*, working paper 29928, April 2022, https://www.nber.org/papers/w29928

grossen Gewinn an Lebensqualität, und zwar nicht nur
für eine kleine Oberschicht, sondern für weite Kreise der
Bevölkerung.

Anders gesagt: Mit dem wissenschaftlichen, medizinischen und technischen Fortschritt geht auch ein
wirtschaftlicher und sozialer Fortschritt einher. Das wiederum bedeutet: Selbstbestimmung ist nicht nur ein abs-
traktes Ideal, sondern für sehr viele Menschen eine konkrete Möglichkeit. Sie können ihr Leben in vielerlei Hinsicht selbst gestalten, statt ihre Kräfte in der täglichen Sicherung der Grundbedürfnisse aufzehren zu müssen.

Dieser Fortschritt ist davon abhängig, dass Energie zur Verfügung steht. Er kann nichts daran ändern,
dass aufgrund der Beschaffenheit der Natur (zweiter
Hauptsatz der Thermodynamik) der Einsatz von Energie
nie einen Wirkungsgrad von hundert Prozent erreichen
kann. Wie die Medizin am Immunsystem, so stösst die
Technik hier an eine prinzipielle Grenze.

Es gibt aber einen klaren statistischen Zusammenhang zwischen technischem und wirtschaftlichem Fortschritt auf der einen und Fortschritt zu einem schonende-
ren Umgang mit der Umwelt durch effiziente Nutzung
des knappen Gutes Energie auf der anderen Seite.[3]

Wiederum gilt: Politische Eingriffe behindern diesen Fortschritt allenfalls trotz gegenteiliger Absichten.
Die so genannte «Energiewende» in Deutschland liefert
dazu reichlich Anschauungsmaterial.

---

[3] Siehe dazu die Beiträge in Olivier Kessler und Claudia Wirz (Hrsg.), *Mutter
Natur und Vater Staat. Freiheitliche Wege aus der Beziehungskrise*, Zürich: Liberales
Institut 2020.

Descartes: die Methode der Wissenschaft

Zurück zu Descartes. Er leistet in seinem Werk zweierlei: Er formuliert die Methode der neuzeitlichen Naturwissenschaft ebenso wie ihre Grundlagen und Grenzen. Die Methode ist disziplinierte Skepsis. Erkenntnisansprüche sind stets zu hinterfragen. Sie müssen sich dadurch bewähren, dass man sie einer kritischen Prüfung durch Argument und Experiment unterzieht und miteinander konkurrierende Hypothesen zulässt.

Betrachten wir ein einfaches Beispiel: Nehmen wir an, dass alle beobachteten Raben schwarz sind und wir auf dieser Grundlage die Hypothese «Alle Raben sind schwarz» formulieren. Um diese Hypothese als Erkenntnis zu etablieren, ergibt es keinen Sinn, überall nach weiteren schwarzen Raben zu suchen – und natürlich unzählige solche zu finden. Im Gegenteil: Diese Hypothese ist erst dann bestätigt, wenn es nicht gelingt, Raben zu finden, die nicht schwarz sind.

Das heisst: Man nimmt diese Hypothese mit Skepsis auf und versucht, irgendwo in der Welt etwas zu finden, das ihr entgegensteht. Erst und nur wenn das nicht gelingt, ist die Hypothese bestätigt. Hingegen zu deklarieren, es könne gar keine anderen als schwarze Raben geben und diejenigen, die das in Frage stellen, als «Verschwörungstheoretiker» oder «Feinde der Wissenschaft» zu brandmarken, wäre das genaue Gegenteil von Wissenschaft.

Bezogen auf die Corona- und Klima-Wissenschaft besagt das: Wenn es sich hierbei um Wissenschaft handeln soll, dann müsste man zunächst einmal darlegen können, unter welchen Umständen sich die erhobenen Erkenntnisansprüche als falsch erweisen und dann nach genau diesen Umständen suchen; denn die entsprechenden Erkenntnisansprüche festigt man dadurch, dass sie Skepsis standhalten.

Disziplinierte Skepsis ist somit die Methode der Wahrheitsfindung. Weil wir die Welt immer nur aus einer begrenzten Perspektive betrachten können, ist das kritische Hinterfragen der Weg, um von etwas, das eine Erkenntnis zu sein scheint, zu einer bestätigten Erkenntnis zu gelangen.

Skepsis als Methode der Wahrheitsfindung, die die moderne Naturwissenschaft kennzeichnet, hat nichts mit der intellektuellen Dekonstruktion zu tun, die das postmoderne Denken charakterisiert: Diese Dekonstruktion besteht darin, den Einsatz von Vernunft und das Erheben von Wahrheitsansprüchen als Machtansprüche zu disqualifizieren. Wenn aber Wahrheit als Ziel und disziplinierte Skepsis als Mittel, um dieses Ziel zu erreichen, entfallen, dann bleibt nur Gewalt übrig.

Das ist das, was uns heute als Wissenschaft in den Medien insbesondere bei den Themen Corona und Klima vorgeführt wird: Eine Behauptung wird mit verbaler Gewalt als wahr festgesetzt, nämlich einfach dadurch, dass sie von Personen in den Medien verbreitet wird, die eben diese Medien als Experten präsentieren. Gegenteilige Behauptungen werden zu «fake news» erklärt und auf Internetplattformen gelöscht. Ein Wahrheitsanspruch ist kein Erkenntnisanspruch mehr, der Prüfung ausgesetzt wird und standhalten muss, sondern ein Autoritäts- und Machtanspruch, der durch die Einschüchterung allen Hinterfragens durchgesetzt wird. Wissenschaft zerstört sich auf diese Weise selbst.

Descartes: die Grenzen der Wissenschaft

Wie an dem berühmten Zitat von Descartes oben deutlich wird, dient Wissenschaft der Verbesserung der Lebensumstände der Menschen. Hierin unterscheidet sich Descartes von dem Verständnis von Wissenschaft, das in der Antike dominiert und das zum Beispiel Aristoteles ganz am Anfang seiner *Metaphysik* formuliert (Buch 1, Kapitel 1): Wissenschaft als Theoria, als interesselose Schau auf die Gegenstände.

Der entscheidende Punkt ist nun dieser: Wissenschaft als interesselose Schau – als Reflexion – kann auch den Menschen mit seinem Denken und Handeln umfassen. Wissenschaft eingesetzt als Mittel, um die Lebensumstände der Menschen zu verbessern, kann das nicht. Um dieses Ziel zu erreichen, muss Wissenschaft objektiv sein, das heisst, ganz auf ihren Gegenstand bezogen sein und von den Bewertungen des Betrachters absehen. Dem dient auch die methodische Skepsis: an die Gegenstände heranzukommen, wie sie unabhängig von unserem Denken sind.

Die neuzeitliche Naturwissenschaft deckt die Fakten in der Welt auf, wie sie ohne unser Denken bestehen: Materie in Bewegung und die Bewegungsgesetze der Materie, um deren Bewegungen dann zu unserem Nutzen lenken zu können. Deshalb beschreibt Descartes die nicht-menschliche Natur als *res extensa*, charakterisiert allein durch Ausdehnung und Bewegung. Demzufolge ist Naturwissenschaft Geometrie und Dynamik.

Als weiterer Pfeiler kommt dann am Ende des 19. Jahrhunderts die statistische Mechanik hinzu: Sie ermöglicht es uns, mit Situationen umzugehen, in denen wir die genauen Anfangsbedingungen nicht kennen. Geringfü-

gige Änderungen in den Anfangsbedingungen können
aber zu grossen Unterschieden in der zukünftigen Entwicklung führen. Gängige Beispiele sind das Wetter oder
der Münzwurf. Mit der statistischen Mechanik werden
solche Situationen beherrschbar, so dass wir auch sie zu
unserem Nutzen einsetzen können. Die Quantenphysik
zeigt dann, dass wir strikte genommen grundsätzlich
nicht über statistische Voraussagen hinauskommen können.

Im 20. Jahrhundert bringt der Funktionalismus einen weiteren entscheidenden Fortschritt: Man erfasst hö-
herstufige Eigenschaften, die im Laufe der Evolution des
Kosmos auftreten, dadurch, dass man sie durch eine
funktionale Rolle definiert, die sie für die Bewegung der
Objekte spielen. Damit werden insbesondere die Eigenschaften von Organismen der naturwissenschaftlichen
Behandlung zugänglich und diese im cartesischen Sinne
zu unserem Nutzen steuerbar. Auf diese Weise kann man
zum Beispiel die klassische Genetik auf die Molekularbi-
ologie zurückführen und Organismen durch Eingriffe
auf der molekularen Ebene gezielt verändern.

Diese drei Merkmale kennzeichnen somit die
neuzeitliche Naturwissenschaft – oder, um einen empha-
tischen Ausdruck zu gebrauchen, das «wissenschaftliche
Weltbild»:[4]

- Beschreibung der Natur ausschliesslich in Begriffen von Ausdehnung und Bewegung (Geometrie
  und Kinematik), Entdeckung von Bewegungsge-
  setzen (Dynamik);

---

[4] Siehe dazu ausführlich Michael Esfeld, *Wissenschaft und Freiheit. Das naturwissenschaftliche Weltbild und der Status von Personen*, Berlin: Suhrkamp 2019, Kapitel 1 und 2.

- Entdeckung statistischer Gesetzmässigkeiten, mit denen Situationen der ungenauen Kenntnis von Anfangsbedingungen handhabbar werden (statistische Mechanik);

- Integration höherstufiger, emergenter Eigenschaften insbesondere im Bereich des Lebendigen durch deren Beschreibung in Begriffen ihrer Funktion für die Bewegung von Materie (Funktionalismus).

Mit diesem Instrumentarium ist die neuzeitliche Naturwissenschaft in der Erkenntnis der Fakten in der Natur grenzenlos. Aber indem sie von allem Subjektiven absieht, beruht sie auf der strikten Trennung zwischen dem, was *der Fall ist* – den Fakten –, und dem, was gemäss den Bewertungen von Personen *der Fall sein soll* – den Normen.

Das Wissen, das sie zur Verfügung stellt, kann daher gar kein Wissen sein, aus dem Normen folgen. Aus den Theorien der Naturwissenschaften folgt nur technisches Wissen, das uns sagen kann, wie man jeweils ein von ausserhalb dieses Wissens stammendes Ziel verwirklichen kann.

Das bedeutet: Der Mensch als denkendes und handelndes Wesen kann gar nicht innerhalb des Gegenstandsbereichs der modernen Naturwissenschaft liegen. Descartes arbeitet diesen Punkt klar heraus. Die ontologische Trennung (Trennung im Sein) zwischen Geist und Körper, die er vornimmt, ist sicher mit Vorsicht aufzunehmen und so, wie von Descartes dargestellt, nicht überzeugend. Aber der methodische Punkt ist glasklar und hat an Aktualität nichts verloren: Die neuzeitliche Naturwissenschaft stösst an eine prinzipielle Grenze, sobald es um das Denken und Handeln von Menschen geht.

Menschliche Freiheit als Grenze der Wissenschaft

Wenn wir denken und handeln, dann sind wir frei. Denken und Handeln sind nicht einfach Vorgänge von Materie in Bewegung, die gemäss den Naturgesetzen ablaufen. Das ist deshalb so, weil man für Gedanken und Handlungen – und nur für diese – Gründe und damit Rechtfertigungen verlangen kann. Wenn man Vernunft gebraucht, ist man frei, weil die biologischen Gegebenheiten das Denken und Handeln nicht vorgeben. Vernunft und Freiheit gehen daher zusammen. Immanuel Kant drückt dieses in den *Prolegomena zu einer jeden zukünftigen Metaphysik* (1783) so aus:

> *«Wenn uns Erscheinung gegeben ist, so sind wir noch ganz frei, wie wir die Sache daraus beurteilen wollen.»* (§ 13, Anmerkung III)

Ein Urteil entsteht dadurch, dass eine Person etwas ihr Gegebenes in den Status eines Grundes für einen Gedanken oder eine Handlung erhebt. Dabei stellt sie es in einen Zusammenhang mit anderem ihr Gegebenem: Eine Beobachtung zum Beispiel wird als zuverlässig eingestuft, weil sie durch andere Beobachtungen gestützt wird. So baut die Person einen Begründungs- oder Rechtfertigungszusammenhang auf.

Während Kant mit dem «wir» oben jeden von uns als transzendentales Subjekt meint (das heisst, als Person, deren Verhalten nicht einfach gemäss Naturgesetzen geschieht), verstehen wir dieses heute, nach dem *linguistic turn* im 20. Jahrhundert, als einen sozialen Prozess. Wir können Urteile nur zusammen, nur in sozialer Interaktion bilden, indem wir uns gegenseitig korrigieren und dadurch Erkenntnisfortschritt, sozialen Fortschritt und auch moralischen Fortschritt erzielen. Wir befreien uns kollektiv von biologischen Zwängen und schaffen dadurch individuelle Freiheit.

Erkenntnisfortschritt durch soziale Interaktion setzt voraus, jeden mündigen Menschen als Person anzuerkennen, die Vernunft gebrauchen kann, daher frei ist und zur Selbstbestimmung befähigt ist. Diese Freiheit ist der Wissenschaft vorrangig: Sie ist die Voraussetzung für das Bilden von Urteilen und damit das Schaffen von Wissen. Die Freiheitsrechte sind damit Wissenschaft entzogen: Sie bedürfen weder einer Begründung durch Wissenschaft, noch könnte Wissenschaft eine solche Begründung leisten. Anders gesagt: Wissenschaft kann nicht ihre eigenen Voraussetzungen begründen.[5]

Wie Erfolg zur Hybris verleitet

Mit dem Erfolg darin, uns zu Herren und Besitzern der Natur zu machen, hält auch Überschwang Einzug. Die Bescheidenheit geht verloren, die uns die Methode disziplinierter Skepsis lehrt: Bestätigte Erkenntnisse werden durch hartes Hinterfragen errungen. Sie sind nichts, das Wissenschaft wie selbstverständlich produziert.

Diese Bescheidenheit geht zunächst in der Weise verloren, wie naturwissenschaftliche Theorien zu Weltanschauungen hochstilisiert werden – so zum Beispiel die Evolutionstheorie seit der zweiten Hälfte des neunzehnten Jahrhunderts oder die Relativitätstheorie und die Quantenphysik seit dem Beginn des zwanzigsten

---

[5] Siehe dazu ausführlich Michael Esfeld a.a.O., Kapitel 3.

Jahrhunderts. Bei diesen Themen betreffen die weltan-
schaulichen Aussagen allerdings nicht den wissenschaftlichen Kern dieser Theorien: Für den – und dessen ständige Fortentwicklung – gilt weiterhin die Methode disziplinierter Skepsis. Die Weltanschauung ist nur die ideologische Ummantelung dieser Theorien, die mit der
Wissenschaft selbst nichts zu tun hat (auch wenn manche
Wissenschaftler der entsprechenden Versuchung nicht
widerstehen).

Mit dem heutigen Programm «follow the science»
ist hingegen der Kern der Wissenschaft betroffen. Dieses
ist ein anti-wissenschaftliches Programm, das sich den
Namen von Wissenschaft gibt. Denn «follow the science»
kann man als politisches Programm nur dann formulieren, wenn man die beiden Merkmale der neuzeitlichen
Wissenschaft über Bord wirft: die methodische Skepsis
und ihre Grenze im Denken und Handeln. Wissenschaft
als politisches Programm benötigt Erkenntnisse, die als
unbezweifelbare Wahrheiten dargestellt werden statt
Zweifel als Methode der Wahrheitsfindung. Und die entsprechenden Wahrheiten können nicht nur Erkenntnisse
von Fakten sein, sondern sie müssen auch so dargestellt
werden, dass sie einen moralisch-normativen Status haben. Nur dann können sie zur Steuerung der Gesellschaft
eingesetzt werden.

Ein besonders abstossendes Beispiel dafür, wie
menschenverachtend «follow the science» ist, findet man
im Editorial der Zeitschrift *Science* vom 26. November
2021 unter dem Titel «Vax the world». Zunächst soll die
gesamte Weltbevölkerung regelmässigen Corona-Imp-
fungen unterzogen werden – und zwar unabhängig davon, ob die einzelnen Menschen sich aus eigener Überle-
gung und Entscheidung impfen lassen wollen; danach

soll der Klimawandel auf die gleiche Weise angegangen werden.[6] Bis heute (Mitte 2022) verfügt jedoch dasjenige, was als Corona-Impfstoffe angepriesen wird, nur über eine bedingte Zulassung. Eine solche ist für den gezielten Schutz gefährdeter Personen in Notsituationen gedacht und besteht unter der Auflage methodischer Skepsis. Das heisst im Falle von Medikamenten insbesondere, Verdachtsfällen signifikanter Nebenwirkungen systematisch nachzugehen. Es wäre daher erforderlich gewesen, die Zulassungsstudien für die Impfstoffe wie ursprünglich vorgesehen über zwei Jahre durchzuführen, um die Fragen zu Selbstschutz, Fremdschutz und Nebenwirkungen mit den üblichen Standards wissenschaftlicher Sorgfalt zu untersuchen. Was stattdessen geschah, fasst ein Artikel im *British Medical Journal* Ende 2021 treffend so zusammen:

> «*Covid-19 vaccines were widely administered following ‹conditional› authorisation based on short clinical trials, when important questions remained unanswered.*»[7]

Diese Aussage – wichtige Fragen bleiben unbeantwortet – gilt für «follow the science» insgesamt. Den Fragen mit wissenschaftlicher Neugier und Sorgfalt nachzugehen, wird aus politischen Gründen verweigert: Die Ergebnisse einer solchen Untersuchung könnten ja das entsprechende politische Programm – wie «vax the world» – zu Fall bringen.

---

[6] Madhukar Pai und Ayoade Olatunbosun-Alakija, «Editorial: Vax the world», *Science* 374, S. 1031, 26. November 2021.

[7] Christof Prugger al., «Evaluating covid-19 vaccine efficacy and safety in the post-authorisation phase», *British Medical Journal* 375, e067570, 23. Dezember 2021, Zitat auf S. 3.

Politischer Szientismus

Mit dem Erfolg der neuzeitlichen Naturwissenschaften in der Aufdeckung von Fakten und mathematischen Naturgesetzen, die diese Fakten erfassen, stellt sich in der Tat die Frage, inwieweit diese Naturwissenschaften auch den Menschen zum Gegenstand haben können und ihre Methoden auch auf uns Menschen als Personen mit Bewusstsein, Vernunft und freiem Willen anwendbar sind. Je erfolgreicher die Naturwissenschaften sind, desto mehr verstärkt sich die Tendenz, ihre Methoden auch in den Geistes- und den Sozialwissenschaften anzuwenden.

Der augenfälligste Ausdruck dieser Tendenz ist das, was als soziale Ingenieurkunst («social engineering») bekannt ist. Diese beruht auf der Annahme, dass die Naturwissenschaften auch das menschliche Denken und Handeln vollumfänglich erfassen. Daraus leitet man dann das Programm ab, dieses Denken und Handeln gemäss naturwissenschaftlichen Erkenntnissen zu lenken. Dieses Programm ist als politischer Szientismus bekannt und beruht auf einem technokratischen Menschenbild. Es stellt die Einsicht, dass Grundrechte der Wissenschaft vorrangig sind, auf den Kopf: Grundrechte werden nun unter wissenschaftlicher Leitung gewährt oder eben verweigert, wie wir es mit Gesundheitspässen, Covid-Zertifikaten, 2G, 3G Regeln und dergleichen erleben.

Wir sind damit Zeugen – und zum Teil auch Opfer – eines eklatanten Versagens von Wissenschaft: ergebnisoffene, wissenschaftliche Neugierde, methodische, disziplinierte Skepsis, um durch kritisches Fragen stichhaltige Erkenntnisse zu gewinnen, alle diese Mittel wissenschaftlicher Wahrheitsfindung werden über Bord geworfen, um der Versuchung zu erliegen, Wissenschaft in ein politisches Programm mit entsprechender Macht über das Leben von Menschen zu verwandeln. Deshalb ist es so wichtig, dass es Wissenschaftler gibt, die ihre Stimme trotz aller Einschüchterungsversuche erheben: Das, was wir hier erleben, ist nicht Wissenschaft. Es ist das Gegenteil von Wissenschaft.

Wissenschaft und Rechtsstaat

Diese Zerstörung von Wissenschaft geht einher mit der Zerstörung des Rechtsstaates. Denn es besteht ein enger Zusammenhang zwischen der modernen Naturwissenschaft und dem Rechtsstaat. Letzterer basiert darauf, die Selbstbestimmung jedes Menschen anzuerkennen. Seine Aufgabe ist es daher, Eingriffe in die grundlegenden Freiheitsrechte jeder Person zu verhindern.

Die Freiheit, um die es bei der Legitimation des Rechtsstaates geht, ist somit eine negative Freiheit: Gewährleistung von Schutz gegen äussere Eingriffe in die eigene Lebensgestaltung. Aber Freiheit als solche ist ein positives Konzept: Selbstbestimmung im Denken und Handeln, wie ich oben ausgeführt habe. Nur mit einem substanziellen, positiven Verständnis von Freiheit als Selbstbestimmung kann man willkürfrei abgrenzen, wo die Ausübung der Freiheit des einen endet, indem sie in die Freiheit anderer eingreift, und in welchem Fall dementsprechend staatliche Gewalt gefordert ist, um die Freiheitsrechte von jedem durchzusetzen.

Wissen im Allgemeinen und Wissenschaft im Besonderen sind von Bedeutung, um ein selbstbestimmtes Leben zu führen. Menschen, die den Naturgewalten ausgesetzt sind und sich ständig gegen diese behaupten müssen, sind zwar als vernünftige Lebewesen der

Spezies «Mensch» frei in ihrem Denken und Handeln; aber sie haben nicht die Möglichkeit, diese Freiheit in einem selbstbestimmten Leben zu entfalten. Man muss deshalb seinen Verstand gebrauchen, um Wissen über die Natur einschliesslich der eigenen biologischen Natur zu erwerben, damit man ein selbstbestimmtes Leben führen kann. Das ist der Hintergrund, vor dem Descartes seine berühmte Aussage formuliert, uns durch Wissenschaft zu Herren und Besitzern der Natur zu machen.

Der technische Fortschritt, den die Wissenschaft bewirkt, schafft gewaltige neue Möglichkeiten, Freiheit in einem selbstbestimmten Leben auszuüben. Aber Freiheit als Selbstbestimmung ist der Wissenschaft vorgelagert: Jedes Schaffen von Wissen erfordert Selbstbestimmung im Bilden von Urteilen auf der Basis gegebener Eindrücke. In Anlehnung an das Zitat oben von Kant kann man auch sagen: Wenn wissenschaftliches Wissen entwickelt wurde und öffentlich verfügbar ist, so sind wir noch ganz frei, was wir aus diesem Wissen für unsere Lebensgestaltung machen wollen.

Ein kontingenter, kein notwendiger Zusammenhang

Freiheit im vollen positiven Sinne mit ihrer Bindung an Vernunft und gute Gründe kann man daher auch darin entfalten, dass man sein Leben selbstbestimmt unter Verzicht auf den Einsatz wissenschaftlichen Wissens gestaltet. Das tun zum Beispiel Religionsgemeinschaften, die den Einsatz moderner Technik ablehnen. Deren Mitglieder führen gerade dadurch ein selbstbestimmtes Leben, dass ihrer Einschätzung zufolge ein solches Leben es erfordert, die Annehmlichkeiten der modernen Technik zurückzuweisen und sich lediglich auf das Wissen und die Fähigkeiten des allgemeinen Menschenverstands zu stützen. Folglich ist die Verbindung zwischen Wissenschaft und Freiheit als Selbstbestimmung *kontingent*.

Je erfolgreicher die Wissenschaft darin ist, neue Möglichkeiten für ein selbstbestimmtes Leben zu eröffnen, desto stärker wird jedoch die Versuchung, diesen Zusammenhang als *notwendig* darzustellen. Die Versuchung ist, Wissenschaft als eine Bedingung anzusehen, um Freiheit als Selbstbestimmung zu verwirklichen. Dann muss man «der Wissenschaft folgen», um ein selbstbestimmtes Leben zu führen. Damit gerät man in Abhängigkeit von denjenigen, die über das entsprechende Wissen verfügen – oder zumindest überzeugend vorgeben können, es zu besitzen. Dann ist dem technokratischen Missbrauch von Wissenschaft durch Experten, die den Menschen vorschreiben, was sie zur Verwirklichung ihrer Selbstbestimmung tun *sollen*, Tür und Tor geöffnet. Dieser Missbrauch wird politisch, wenn die Zwangsgewalt des Staates eingefordert wird, um das Leben der Menschen so zu lenken, dass sie «der Wissenschaft folgen».

Wissenschaft als Staatsreligion

Jedoch stellt der Gedanke, dass es ein Wissen geben könnte, das Bedingungen oder sogar einen vollumfänglichen Inhalt für ein selbstbestimmtes Leben vorschreibt, das Verhältnis von Wissen und Selbstbestimmung auf den Kopf. Denn Freiheit als Selbstbestimmung ist eine Voraussetzung dafür, überhaupt irgendein Wissen erlangen zu können.

Wenn hingegen der Wissenschaft zugewiesen wird, solche Bedingungen oder einen solchen Inhalt vorzugeben, dann nimmt die Wissenschaft die Rolle ein, welche die Staatsreligion in vormoderner Zeit innehatte. Der politische Missbrauch religiöser Lehren, um den Menschen einen bestimmten Lebensweg aufzuzwingen, geschieht regelmässig im Namen der Verwirklichung der positiven Freiheit als Selbstbestimmung dieser Menschen. Historisch gesehen sind jedoch sowohl die moderne Wissenschaft als auch der moderne Staat aus den schmerzhaften Erfahrungen der Religionskriege im Europa des 16. und 17. Jahrhunderts hervorgegangen, infolge derer religiöse Einflussnahme aus den Bereichen des wissenschaftlichen Wissens und der politischen Entscheidungsfindung verbannt wurde.

Es ist daher eine Perversion der Wissenschaft, ihr die politische Rolle aufzuzwingen, welche die Staatsreligion einst spielte, indem man die Eröffnung neuer Möglichkeiten zur Selbstbestimmung mit der Festlegung von Bedingungen verwechselt, denen man folgen muss, um ein selbstbestimmtes Leben zu führen.

Um noch einmal auf «vax the world» zurückzukommen: Die Verfügbarkeit eines Impfstoffes ist eine wissenschaftliche Leistung, die neue Möglichkeiten für ein selbstbestimmtes Leben eröffnet. Menschen die Impfung im Namen von Wissenschaft aufzuerlegen, bedeutet jedoch, die Wissenschaft als politische Waffe gegen die Selbstbestimmung der Menschen einzusetzen.

Formulieren wir diesen entscheidenden Punkt noch einmal anders: Politischer Missbrauch von Wissenschaft findet immer dann statt, wenn Wissenschaft sich nicht darauf beschränkt, Tatsachen zu entdecken, sondern sich anmasst, Normen vorzugeben. Sie überschreitet dann die Trennlinie zwischen dem, aufzudecken, *was der Fall ist*, und dem vorzuschreiben, was der Fall *sein soll.* Wissenschaft wird dann zu einer Kraft, die sich gegen den Rechtsstaat stellt: Die Entscheidungen darüber, was geschehen soll, werden nicht mehr der Abwägung der Menschen überlassen – der je individuellen Abwägung für das eigene Leben und die sozialen Gemeinschaften wie Familie und Freunde sowie der kollektiven Abwägung im demokratischen Legitimationsprozess politischer Entscheidungen.

Klassischer Liberalismus vs. real existierender Sozialismus

Es gibt daher keinen Mittelweg zwischen dem klassisch liberalen, minimalen Staat auf der einen und dem real existierenden Sozialismus auf der anderen Seite, welche Form dieser auch immer annimmt – zur Zeit die eines technokratischen Totalitarismus unter dem Leitmotiv «follow the science».

Der Rechtsstaat besteht darin, negative Freiheit als Abwesenheit äusserer Eingriffe in die eigene Lebensführung durchzusetzen. Immer wenn man die Rolle des Staates dahingehend ausweitet, positive Freiheit im Sinne besserer Bedingungen für ein selbstbestimmtes Leben zu schaffen, gibt es keinen Halt mehr darin, das Leben der Menschen zu regulieren. Man geht dann unaufhaltsam den Weg in Richtung dessen, was Friedrich von Hayek den «Weg zur Knechtschaft» genannt hat.[8]

Der Grund für diese desaströse Folge ist, dass der Staat in diesem Fall ein Wissen in Anspruch nehmen muss, das einen Inhalt für Selbstbestimmung vorgibt. Ein solches Wissen kann jedoch weder Staat noch irgendeine andere Autorität haben. Denn Freiheit als Selbstbestim-

---

[8] Friedrich A. von Hayek, *The road to serfdom*, London: Routledge 1944.

mung ist die Voraussetzung für jegliches Wissen. Mithin kann es kein Wissen geben, das einen Inhalt für Selbstbestimmung vorschreibt. Was auch immer man für Unzulänglichkeiten in den Möglichkeiten für Menschen, ein selbstbestimmtes Leben zu führen, feststellen mag, man kann im politischen Raum nicht mehr tun, als einen Staat zu errichten, der die Freiheitsrechte aller seiner Einwohner rigoros durchsetzt. Etwas anderes als dieses zu tun, endet immer darin, die Selbstbestimmung von Menschen zu verhindern. Das führt uns die Corona- und Klima-Politik gerade wieder vor Augen.

Ein substanzielles, positives Verständnis von Freiheit als Selbstbestimmung führt uns somit gerade zu einem minimalen Staat, der Freiheit negativ als Abwesenheit äusserer Eingriffe in die eigene Lebensführung gewährleistet, und einer Wissenschaft, welche die Möglichkeiten zur Selbstbestimmung erweitert – aber nur als Angebot und nie als Vorschrift.

Das substanzielle, positive Verständnis von Freiheit als Selbstbestimmung wird pervertiert, wenn man denkt, dass Wissenschaft Bedingungen für Selbstbestimmung schaffen könnte und es Aufgabe des Staates wäre, solche Bedingungen durchzusetzen. In diesem Falle beseitigt man Selbstbestimmung und zerstört sowohl die Wissenschaft als auch den Rechtsstaat.

«Habe Mut, dich deines eigenen Verstandes zu bedienen!»: Was Immanuel Kant 1784 in seinem Aufsatz *Beantwortung der Frage: Was ist Aufklärung?* als den Wahlspruch der Aufklärung bezeichnete und gegen damalige religiöse Vormünder richtete, gilt heute genauso in Bezug auf unsere Vormünder in wissenschaftlichem Gewand.

Das Dilemma der Expertise

Julian Reiss

Globaler Klimawandel, Pandemien, die Wiedergeburt der Inflation – viele aktuelle politische Krisen haben eine gewichtige technische Komponente, die bei ihrer Analyse, ihrer Bewertung und bei der Entwicklung möglicher Antwortstrategien wissenschaftlichen Input zu erfordern scheint.[1] Fragestellungen wie: «Was sind die geeignetsten Strategien zur Bekämpfung des globalen Klimawandels?», «Sind Lockdowns eine gute Antwort auf Pandemien?» und «Wie kann am besten hohe Inflation eingedämmt werden?» sind politisch-technischer Natur, weil zu ihrer Beantwortung sowohl wissenschaftliche Erkenntnisse als auch politische, soziale, moralische und kulturelle Wertvorstellungen notwendig sind und sie sich eben nicht allein aufgrund wissenschaftlich-technischer Daten oder Weltanschauungen beantworten lassen.

In einer liberalen Demokratie obliegt die Meinungsbildung über Wertvorstellungen den Bürgern, die für politische Entscheidungen in Parlamenten repräsentiert werden. Was die technischen Aspekte betrifft, sind jedoch die wenigsten Bürger und Entscheidungsträger dazu in der Lage, sich selbst einen Überblick über den aktuellen Forschungsstand zu den relevanten Fragen zu verschaffen. Somit sind sie darauf angewiesen, wissen-

---

[1] Dies trifft jedoch nicht auf alle wichtigen politischen Debatten zu. Auch wenn es wissenschaftliche Ergebnisse zu den sozialen, ökonomischen und kulturellen Folgen offener Grenzen gibt, ist die Entscheidung für oder wider offene Grenzen primär weltanschaulicher Natur, um nur ein Beispiel zu nennen.

schaftlichen Input über das Medium des Expertenurteils zu erhalten.

Doch Experten sind nicht immer neutrale, unverzerrte und hochverlässliche Kommunikatoren des jeweiligen Standes der Wissenschaft. Experten sind Menschen und haben als solche eine begrenzte Aufnahmefähigkeit, sie können Fehlschlüsse aus der existierenden Evidenz ziehen und ihre Empfehlungen können aus privaten (z.b. finanziellen, persönlichen oder politischen) Interessen erfolgen und damit nicht immer die Interessen des Klienten bestmöglich verwirklichen.

Das nenne ich das «Dilemma der Expertise». Auf der einen Seite brauchen wir sie, weil Bürger und Entscheidungsträger in der Regel selbst keinen direkten Zugriff auf den Stand der Wissenschaft zu den relevanten politisch-technischen Fragestellungen haben, auf der anderen Seite ist sie aus verschiedenen Gründen nur mit grosser Vorsicht zu geniessen. Dieser Beitrag möchte zunächst einen Überblick über wichtige Forschungsergebnisse liefern, die ein kritisches Licht auf Experten werfen, um danach einen Lösungsvorschlag für das Dilemma der Expertise zu erarbeiten.

Das «Problem mit Experten» (Turner 2001) ist ein wichtiges gesellschaftliches und politisches Problem, zu dessen Lösung Wissenschaftler aus vielen Disziplinen wie Psychologie, den Sozial- und Wirtschaftswissenschaften, den sogenannten «Science and Technology Studies» und der Philosophie Theorien und Ansätze geliefert haben. Im Folgenden widme ich mich einer Reihe von Forschungsergebnissen, die sich mit kognitiven und motivationsbezogenen Verzerrungen, unter denen Experten leiden, auseinandersetzen.

Bestätigungsfehler und die Spirale der Überzeugung

Ein weit verbreiteter Fehler im Umgang mit neuer Information ist der sogenannte «Bestätigungsfehler» (engl.: «confirmation bias»), d.h., die stärkere Gewichtung von Daten, die die eigene Überzeugung bestätigen. Daten, die existierenden Überzeugungen entgegenstehen, werden häufig schlichtweg nicht wahrgenommen, schneller vergessen oder durch Uminterpretation passend gemacht. Deswegen ist es so schwierig, andere Menschen von seiner Meinung mit reinen Fakten zu überzeugen. Wenn die andere Person nicht bereits derselben Meinung ist, werden entsprechende (ihrer Überzeugung entgegenstehende) Fakten oftmals ignoriert oder verdrängt.

Dass Menschen häufig Informationen in dieser Weise wahrnehmen, hat gute evolutionäre Gründe. Menschen sind kognitiv begrenzte Wesen und können unmöglich alle Informationen, die zu jeder Sekunde auf sie einströmen, wahrnehmen oder sich später daran erinnern. Also muss selektiert werden. Es kostet weniger Energie, neue Informationen, die mit existierenden Überzeugungen kompatibel sind, einzuflechten als fest verwurzelte Überzeugungen im Lichte inkompatibler Informationen umzustossen oder gar widersprüchliche Vorstellungen zu haben.

Auch wenn es wissenschaftliche Methoden wie die systematische Übersichtsarbeit gibt, die dieser Tendenz entgegenwirkt, sind Experten nicht grundsätzlich vor diesem Problem gefeit. Jeffrey Friedman hat nun auf einen Umstand hingewiesen, der es sogar wahrscheinlicher macht, dass Experten dem «Bestätigungsfehler» unterliegen, also Personen, die viel Zeit und Energie darauf verwendet haben, sich einen gewaltigen Wissensfundus in einem bestimmten Gebiet anzueignen: die *Spirale der Überzeugung* (Friedman 2020: Kap. 5). Diese bezeichnet die Tendenz, dass zunehmender Wissensstand mit zunehmendem Dogmatismus korrespondiert. Das bedeutet, dass je mehr eine Person über ein Sachgebiet weiss, desto eher werden Informationen, die der eigenen Überzeugung widersprechen, ausgeblendet.

Ein Beispiel für diese Tendenz bilden laut Friedman Philip Tetlocks Studien zu Expertenvorhersagen (Tetlock 2006). Tetlock hatte 284 Experten in verschiedenen sozialwissenschaftlichen Gebieten gebeten, einfache Vorhersagen über politische Ereignisse – wie z.b. was mit Argentiniens BIP in den nächsten zwei bis fünf Jahren passieren oder ob es in den nächsten fünf bis zehn Jahren einen Atomkrieg auf dem indischen Subkontinent geben würde – zu treffen.

Alle Experten haben dabei grundsätzlich schlecht abgeschnitten. Er hat aber Unterschiede zwischen unterschiedlichen Herangehensweisen der Experten festgestellt. Mit Isaiah Berlin unterscheidet Tetlock zwischen «Igeln» und «Füchsen» unter den Denkern (Berlin 1953). «Igel» sehen die Welt durch die Linse einer einzigen definierenden Idee, während «Füchse» aus den unterschiedlichsten Erfahrungen schöpfen und sich die Welt für sie nicht auf eine einzige Idee reduzieren lässt.

Motivation und Interessenskonflikte

Ein Umstand, der bei politisch-technischen Fragestellungen besonders hervortritt, ist, dass Forscher mehr als bei anderen Fragestellungen ein Interesse an bestimmten Forschungsergebnissen haben. Diese Interessen können ganz unterschiedlicher Natur sein, z.b. persönlicher, finanzieller, sozialer und politischer Natur.

Von einem *persönlichen Interesse* würde ich sprechen, wenn etwa ein Wissenschaftler in der Vergangenheit eine bestimmte Hypothese vertreten hat, sein Name mit dieser Hypothese verbunden ist und er nun den Auftrag bekommt, neue Evidenz zu dieser Hypothese zu bewerten.

Finanzielle Interessen liegen vor, wenn manche Forschungsergebnisse mehr als andere zu finanziellen Vorteilen für die beteiligten Wissenschaftler führen.

Berufliches Vorankommen oder die Bildung beruflicher, persönlicher oder politischer Netzwerke sind *soziale Interessen*, die mit Forschungsergebnissen verbunden sind (bzw. wenn umgekehrt bestimmte Forschungsergebnisse zu beruflichen oder anderweitigen sozialen Nachteilen führen).

Politische Interessen liegen dann vor, wenn bestimmte Forschungsergebnisse mehr als andere in die Weltanschauung des betreffenden Wissenschaftlers passen.

Die Kontroverse um die schädliche Wirkung von Zigarettenrauch in den 1950ern ist ein Beispiel für das Vorhandensein sowohl starker persönlicher sowie finanzieller Interessen (Timmerman 2014: 64-5):

> *«smoking was a habit in which up to 80 percent of British men indulged (including nearly 90 percent of male doctors over 35…), which was served by a powerful industry, and which provided significant contributions to government coffers by way of a tax that was easily collected.»*

So verstanden, ist klar, dass Interessenskonflikte bei Experten die Regel und nicht die Ausnahme sind und praktisch immer erwartet werden sollten. Wir sind nun einmal alle entweder Raucher oder Nichtraucher, und es ist schwierig, sich vorzustellen, wie jemand der Frage, ob Rauchen Lungenkrebs verursacht, komplett neutral gegenüberstehen soll.

Ebenso haben wir alle eine bestimmte Weltanschauung, und viele Forschungsergebnisse zu technisch-politischen Fragestellungen passen nun einmal besser in die eine als in die andere Weltanschauung. Es ist vielleicht kein Wunder, wenn der dem linken politischen Spektrum zuzuordnende Träger des Alfred-Nobel-Gedächtnispreis für Wirtschaftswissenschaften, Paul Krugman, schreibt (Krugman 2015):

«Until the Card-Krueger study, most economists, myself included, assumed that raising the minimum wage would have a clear negative effect on employment. But they found, if anything, a positive effect. Their result has since been confirmed using data from many episodes. There's just no evidence that raising the minimum wage costs jobs, at least when the starting point is as low as it is in modern America.»

Dies schrieb er, obwohl eine breit angelegte Übersichtsarbeit zu Mindestlöhnen zum genau entgegengesetzten Ergebnis kam (Neumark and Wascher 2008: 286):

«Three conclusions, in particular, stand out. First... the literature that has emerged since the early 1990s on the employment effects of minimum wages points quite clearly—despite a few prominent outliers—to a reduction in employ-

ment opportunities for low-skilled and directly affected workers. Second, the research on the distributional effects of minimum wages, though far less extensive, finds virtually no evidence that minimum wages reduce the proportion of families with incomes near or below the poverty line, and some of it indicates that minimum wages adversely affect low-income families. Finally, minimum wages appear to inhibit skill acquisition by reducing educational attainment and perhaps training, resulting in lower adult wages and earnings.»

Politische Interessen sind somit eng mit der Bestätigungsverzerrung und der Spirale der Überzeugung verknüpft, weil Weltanschauungen wie Filter wirken, die es erlauben, Informationen zu sortieren, zu interpretieren und mit vorhandenen Überzeugungen zu verknüpfen. Neue Daten, die meiner Weltanschauung entsprechen, haben es dabei leichter als Daten, die mit ihr im Konflikt stehen. Und auch wenn es Fälle geben mag, in denen Wissenschaftler widerspenstige Ergebnisse absichtlich unterdrücken, ist dies eine Tendenz, die meistens unbewusst und unbemerkt am Werk ist.

Auch wenn finanzielle Interessen nicht die einzigen sind, die zu Interessenskonflikten führen, so sind sie doch bedeutsam, vor allem in der Medizin und angrenzenden Wissenschaften. So sollen laut einer Studie 94 Prozent aller U.S.-Ärzte Zuwendungen der einen oder anderen Art aus der pharmazeutischen Industrie erhalten (Campbell et al. 2007). Laut einem Bericht des Corporate Europe Observatory haben fast die Hälfte der

Experten der Europäischen Behörde für Lebensmittelsicherheit finanzielle Interessenskonflikte.[2]

Finanzielle Interessen scheinen einen Einfluss auf Forschungsergebnisse zu haben. So haben Studien, die von pharmazeutischen Unternehmen gesponsert wurden, mit viermal grösserer Wahrscheinlichkeit Ergebnisse, die positiv für den Geldgeber ausfallen als Studien mit anderen Sponsoren (Lexchin et al. 2003).

Zahlenblindheit

Experten haben eine begrenzte Fähigkeit, mit Zahlen korrekt umzugehen. Der sogenannte Prävalenzfehler ist ein besonders eklatantes Beispiel für diese Unfähigkeit. Nehmen wir an, wir haben einen diagnostischen Test, der mit einer Sensitivität von hundert Prozent und einer Spezifität von 98 Prozent das Vorhandensein eines Virus in der Probe feststellt. Nehmen wir ausserdem an, dass 0,5 Prozent der Bevölkerung Träger des Virus sind. Die Sensitivität eines Tests ist die Wahrscheinlichkeit, dass er einen tatsächlich vorhandenen Erreger auch findet; seine Spezifität ist die Wahrscheinlichkeit, dass er bei nicht vorhandenem Virus korrekterweise «negativ» anzeigt.

Auf die Frage, mit welcher Wahrscheinlichkeit die Probe eines Patienten, der positiv getestet wurde, auch tatsächlich Virus enthält, wird von vielen Teilnehmern in psychologischen Experimenten mit 80-90 Prozent angegeben. Die tatsächliche Wahrscheinlichkeit liegt aber bei etwa 20 Prozent.

---

[2] Siehe: https://corporateeurope.org/en/pressreleases/2017/06/nearly-half-experts-european-food-safety-authority-have-financial-conflicts.

Der Grund für die niedrige Wahrscheinlichkeit liegt in der geringen Verbreitung des Virus, der Prävalenz. Von 10 000 Personen gibt es 50 Virusträger. Werden alle Personen getestet, findet der Test alle 50 tatsächlich Positive, aber eben auch 199 falsch Positive wegen der 2%igen Fehlerrate (1 – Spezifität) des Tests (9950*0.02 = 199). Von 249 positiv Getesteten sind nur 50 tatsächlich positiv, also knapp 20 Prozent. Weil die Prävalenz bei der Berechnung der Wahrscheinlichkeit, dass ein Patient mit einem positiven Test Virusträger ist, ignoriert wird, nennt man diese Falscheinschätzung den «Prävalenzfehler». Interessant ist, dass viele Experimente zeigen (oder zu zeigen scheinen), dass selbst Ärzte und andere Personen mit Ausbildung in Statistik dazu neigen, diesen Fehler zu begehen.

Allerdings gibt es alternative Erklärungen für diese Ergebnisse. So wird selten in den Experimenten angegeben, wie der Patient aus der Grundgesamtheit ausgewählt wurde. Geht man davon aus, dass sich jemand aus guten Gründen testen lässt — z.B. weil er Symptome hat oder Kontakt mit Infizierten hatte — liegt die Schätzung von «80-90 Prozent» nicht unbedingt weit weg vom wahren Wert. Wenn es zum Beispiel nur wenige Viren gibt, die bestimmte Symptome hervorrufen, und ein Patient mit Symptomen positiv getestet wird, ist die Wahrscheinlichkeit, dass sich in der positiven Probe tatsächlich Viren finden hoch.

Liegt z.B. die Prävalenz bei symptomatischen Patienten bei 10 Prozent, ist die Wahrscheinlichkeit, dass ein positiv getesteter symptomatischer Patient auch Virenträger ist bei etwa 85 Prozent. Der Prävalenzfehler ist nur wirklich ein Fehler oder Trugschluss, wenn der Patient zufällig aus der Grundgesamtheit ausgewählt wurde.

Wenn keine Angaben zur Auswahl gemacht wurden, ist die Annahme, der Patient lasse sich aus guten Gründen testen, weshalb man von einer relativ hohen Prävalenz ausgehen muss, die natürlichere. Warum sollten sich Patienten ohne Symptome und Kontakt mit Infizierten auf einen Virus testen lassen?

Die Ironie ist nun, dass in der Corona-Krise viele Menschen mehr oder weniger gezwungen wurden, sich ohne triftige medizinischen Gründe auf SARS-CoV-2 testen zu lassen, wodurch die relevante Prävalenz eben die Rate der Virusträger in der Gesamtbevölkerung ist. Da diese zu jedem Zeitpunkt vermutlich sehr niedrig war,[3] ist es sehr naheliegend, dass die offiziellen Zahlen zur Inzidenz eine hohe Quote falscher Positivergebnisse aufweist.

Dieser Umstand wurde meines Wissens nie von den offiziellen Experten kommuniziert, was darauf schliessen lässt, dass sie es entweder nicht besser wussten oder die Bevölkerung bewusst getäuscht haben. In jedem Fall liegt hier Expertenversagen vor, entweder kognitiver oder motivationaler Natur.

Eine andere Art von Zahlenblindheit liegt vor, wenn relative und absolute Risiken verwechselt werden. Ulrich Hoffrage und Gerd Gigerenzer nennen folgendes Beispiel (Hoffrage and Gigerenzer 2003): Frauen werden

---

[3] Leider ist es praktisch unmöglich, verlässliche Zahlen zu bekommen — ein weiteres Expertenversagen. Inzidenzen sind nur positive Tests, d.h. sie enthalten eine — unbekannte — Rate falscher Positive. Auf der anderen Seite wird eben auch nicht die gesamte Bevölkerung getestet, was bedeutet, dass es auch unentdeckte Fälle gibt, selbst bei einer (fiktiven) Spezifität von hundert Prozent. Gegeben die Sanktionen, die positiv Getesteten auferlegt wurden, ist es nicht unwahrscheinlich, dass sich viele Menschen, selbst wenn sie signifikante Symptome entwickeln, nicht testen lassen.

häufig informiert, dass Mammographie-Screenings das Risiko, an Brustkrebs zu sterben, um 25 Prozent reduzieren. Was diese Zahl bedeutet, ist, dass von tausend Frauen, die an Screening-Programmen teilnehmen, drei innerhalb der nächsten zehn Jahre an Brustkrebs sterben werden, wohingegen von tausend Frauen, die nicht an solchen Programmen teilnehmen, vier sterben werden. Die Reduktion von vier auf drei an Brustkrebs versterbenden Frauen bezeichnet die Reduktion des *relativen Risikos.*

Die Zahl von 25 Prozent wird aber häufig so verstanden, dass 25 von hundert Frauen durch das Screening gerettet werden. Diese Frage wird durch die *absolute Risikoreduktion* beantwortet, die in diesem Fall aber nur bei einem von tausend Fällen, also 0,1 Prozent liegt. Die *relative Risikoreduktion* wird häufig angegeben, um eine Zahl, wie etwa zur Wirksamkeit einer medizinischen Behandlung, gross erscheinen zu lassen, während auf die *absolute Risikoreduktion* verwiesen wird, um eine Zahl, etwa zu Nebenwirkungen, klein erscheinen zu lassen.

Man würde meinen, dass die Verwechslung von absolutem und relativem Risiko ein Phänomen ist, dass sich nur bei medizinischen Laien findet. Dem ist aber nicht so. Verschiedene Studien zeigen, dass die Wirksamkeit medizinischer Interventionen deutlich überschätzt wird, wenn sie als relative Risikoreduktion ausgedrückt wird (Gigerenzer et al. 2007).

Dass der Unterschied sehr eklatant sein kann, hat sich auch in Bezug auf die Covid-Impfstoffe gezeigt. Die WHO gibt z.B. die Wirksamkeit der mRNA-Impfung von Pfizer gegen symptomatische SARS-CoV-2-Infektion mit

95 Prozent an.[4] Dies bezeichnet — natürlich — die relative Risikoreduktion, während die relevantere Zahl, die absolute Risikoreduktion von 0,85 Prozent, praktisch nie kommuniziert wird (Marabotti 2022).

Bei den Nebenwirkungen wird genau umgekehrt von «sehr seltenen Fällen» — absolut betrachtet — gesprochen, während sich das relative Risiko dramatisch erhöhen kann (z.b. das Risiko, nach einer Impfung an Arrhythmie zu leiden, liegt knapp 43-mal höher beim Covid-Impfstoff von Pfizer im Vergleich zur Grippeimpfung) (Montano 2022).

Expertenversagen

Dass die verschiedenen kognitiven und motivationsbezogenen Verzerrungen zu häufigen Fehlurteilen bei Experten führen, ist nicht verwunderlich. Auf Philip Tetlock's Langzeitstudie zu politischen Vorhersagen wurde oben schon verwiesen (Tetlock 2006). Der Ökonom Roger Koppl beschreibt eine ganze Reihe von Beispielen von Expertenversagen, so unter anderem von öffentlich finanzierten Experten des Michigan Department of Health and Human Services under United States Environmental Protection Agency, die für verunreinigtes Wasser in der Stadt Flint verantwortlich waren, Richter, die gegen Geld unschuldige Kinder in Jugendarrestanstalten geschickt haben sowie die bekannteren Fälle von Experten, die behaupteten, der Irak habe Massenvernichtungswaffen, die niemals gefunden wurden und Alan Greenspan, dem ehemaligen Vorsitzenden der US-Notenbank, der «schockierten Unglauben» angesichts der grossen Rezession

---

[4] Siehe: https://www.who.int/news-room/feature-stories/detail/who-can-take-the-pfizer-biontech-covid-19--vaccine-what-you-need-to-know.

nach der Immobilienkrise 2007 äusserte (Koppl 2018, Kap. 1). Die fehlgeschlagenen Vorhersagen der Nobelpreisträger Joseph Stiglitz und Paul Krugman allein können einen zum radikalen Skeptiker von Expertenurteilen machen (Epstein 2018, Smith 2018). Stiglitz zum Beispiel lobte noch im Jahr 2007 die venezolanische Wirtschaftspolitik und bezeichnete im Jahr 2002 die Wahrscheinlichkeit, dass die staatseigenen Hypothekenbanken Fannie Mae und Freddie Mac insolvent würden, als «extrem gering» und das Risiko, dass sie Staatshilfen benötigen würden als «effektiv null», nur um deren Rettung durch die Regierung sechs Jahre später zu beobachten.

Krugman behauptete 2003, dass die Steuern im Bundesstaat Kalifornien «wahrscheinlich unterdurchschnittlich hoch» seien, obwohl sie zu den höchsten der USA gehörten und sagte einen massiven Aktiencrash für das Jahr 2016 voraus, sollte Donald Trump die Präsidentschaftswahlen gewinnen. In den zwei Jahren nach Trumps Sieg hat der Dow Jones Index 94 neue Höchststände erreicht und wuchs um 8000 Punkte.

Um es vorsichtig zu sagen, Expertenurteile sind mit viel Vorsicht zu geniessen.

Drei Modelle zur Rolle von Experten in Demokratien

In seinem Aufsatz *Verwissenschaftlichte Politik und öffentliche Meinung* unterscheidet der Philosoph Jürgen Habermas drei Modelle zur Rolle der Wissenschaft in Demokratien (Habermas 1968): das dezisionistische, das technokratische und das pragmatistische.

Sowohl das dezisionistische als auch das technokratische Modell bauen auf einer klaren funktionalen

Trennung von Experten und politischen Entscheidungsträgern auf. Das dezisionistische Modell leitet seinen Namen von der Tatsache ab, dass «politisches Handeln seine eigenen Prämissen nicht rational rechtfertigen kann. Stattdessen wird zwischen konkurrierenden Wertordnungen und Überzeugungen entschieden, die sich zwingenden Argumenten entziehen und einer zwingenden Diskussion unzugänglich bleiben» (Habermas 1987[5]: 63).

Über Habermas hinaus möchte ich behaupten, dass das dezisionistische Modell durch eine Konstellation definiert ist, in der der politische Entscheidungsträger (sei es der Wähler oder der demokratisch gewählte Vertreter) entscheidet, (1) ob er zunächst wissenschaftlichen Experten folgt; (2) welchem Experten oder welchen Experten zu folgen ist; (3) wie und inwieweit die wissenschaftliche Expertise die politische Entscheidung beeinflusst.

Im technokratischen Modell kehrt sich die Konstellation dahingehend um, dass der Politiker (Habermas 1968: 122)

«zum Vollzugsorgan einer wissenschaftlichen Intelligenz [wird], die unter konkreten Umständen den Sachzwang der verfügbaren Techniken und Hilfsquellen sowie der optimalen Strategien und Steuerungsvorschriften entwickelt. Wenn es möglich ist, die Entscheidung praktischer Fragen als eine Wahl in Situationen der Unsicherheit so zu rationalisieren, dass [...] die Entscheidungspro-

---

[5] Der 1968er Aufsatz wurde 1987 ins Englische übersetzt und teilweise stark revidiert. Bei substanziellen Revisionen zitiere ich aus der späteren, englischen Ausgabe und übersetze zurück.

*blematik überhaupt schrittweise abgebaut wird,
dann bleibt in der Tat dem Politiker im technischen Staat nurmehr eine fiktive Entschei-
dungstätigkeit.»*

Wiederum über Habermas hinausgehend defi-
niere ich das technokratische Modell durch eine Konstellation, in der (1) es einen vorbestimmten Prozess der Ex-
pertenbestellung gibt; (2) ein vorgegebener Prozess der
Expertenmeinung existiert; und (3) der politische Entscheidungsträger an die aus diesem Prozess resultie-
rende Expertenmeinung gebunden ist.

Die funktionale Trennung von Experten und politischen Entscheidungsträgern wird im pragmatischen
Modell aufgegeben. Dazu sagt Habermas (Habermas
1987: 66-7; Hervorhebung im Original):

*«[Die] Interaktion [zwischen Politik und Exper-
ten] entzieht der ideologisch gestützten Macht-
ausübung nicht nur eine unzuverlässige Legiti-
mationsbasis, sondern macht sie als Ganzes einer
wissenschaftlich fundierten Diskussion zugänglich und verändert sie damit substanziell.*

*[... In diesem Modell] erscheint eine wechselsei-
tige Kommunikation möglich und notwendig,
durch die wissenschaftliche Experten die Entscheidungsträger beraten und Politiker Wissenschaftler entsprechend den praktischen Bedürfnissen konsultieren. So wird einerseits die Entwicklung neuer Techniken durch einen Bedarfs-
horizont und historisch bedingte Interpretationen
dieser Bedürfnisse, also Wertsysteme, bestimmt.
[...] Andererseits werden diese gesellschaftlichen
Interessen, wie sie sich in den Wertesystemen*

widerspiegeln, reguliert, indem sie auf die techni-
schen Möglichkeiten und strategischen Mittel zu
ihrer Befriedigung geprüft werden.»

Es ist wenig überraschend, dass Habermas das pragmatistische Modell vertritt. Er übersieht dabei jedoch die zahlreichen Quellen von Expertenversagen, die dieses Modell wenig erfolgversprechend erscheinen lassen. Während sich kognitive Verzerrungen möglicherweise noch durch rationalen Diskurs abmildern lassen, gibt es wenig Gründe zu glauben, dass sich Interessengegensätze auf diese Weise beseitigen lassen. Es ist im Gegenteil davon auszugehen, dass es in liberalen Demokratien immer alternative, legitime Wertesysteme geben wird und Konflikte zwar fallweise durch Mechanismen wie Wahlen entschieden, aber niemals grundsätzlich aufgelöst werden können (Haidt 2013). Dasselbe gilt ebenso für persönliche, finanzielle und soziale Interessen. Zudem ist durch die Nähe von Wissenschaft und Politik (Habermas stellt sich ja hier eine starke Interaktion vor) davon auszugehen, dass sich die Wissenschaft mehr als unter den anderen Modellen politisiert und damit wissenschaftliche Ergebnisse von derzeit herrschenden politischen Moden abhängig werden.

Auch das technokratische Modell weist deutliche Mängel auf. Zwei Aspekte sind besonders problematisch. Zum einen kann die Politik an die Wissenschaft nur dann gebunden sein, wenn es zu den relevanten Themen einen wissenschaftlichen Konsens gibt. Davon ist aber bei den relevanten technisch-politischen Fragestellungen kaum auszugehen (Reiss 2019), sicherlich nicht in dem Zeithorizont, in dem die Politik Ergebnisse benötigt.[6] Wenn es aber (noch) keinen wissenschaftlichen Konsens gibt, stellt sich die Frage, wie Repräsentanten des wissenschaftlichen Diskurses ausgewählt werden sollen. Eine Auswahl durch die Politik würde der technokratischen Idee des Primats der Wissenschaft widersprechen. Und es ist schwer vorstellbar, dass die Wissenschaft selbst die Auswahl treffen kann.

Das gewichtigere Problem liegt aber in der Idee der Bindung der Politik an die Wissenschaft. Der Experte oder das Expertengremium, das die Wissenschaft repräsentiert, erhält damit ein Monopol in der Politikempfehlung. Nun ist lange bekannt, dass sich Monopole negativ auf die Produktqualität auswirken (Mussa and Rosen 1978), und es gibt wenig Gründe zu glauben, dass dies beim Gut «wissenschaftliche Expertise» anders sein soll (Koppl 2018: Kap. 10 und 11). Das heisst also, dass die Probleme, die oben beschrieben wurden, im technokratischen Modell eher verstärkt als verringert werden.

Umgekehrt ist es im dezisionistischen Modell. Hier trifft die Politik Entscheidungen zu technisch-politischen Fragestellungen autonom und mit demokratischer Legitimation. Wissenschaftliche Expertise kann beratend hinzugezogen werden, jedoch muss den Empfehlungen aus der Wissenschaft nicht gefolgt werden. Die Politik wählt sich ihre Berater selbst aus, muss ihre Wahl aber vor dem Wähler rechtfertigen und kann auch, bei Fehlentscheidungen, zur Rechenschaft gezogen werden.

---

[6] Dass Rauchen Lungenkrebs verursachen kann, wurde bereits in den 1920er Jahren vermutet, doch konnte sich ein wissenschaftlicher Konsens zu dieser Frage erst in den 1960er Jahren herausbilden. Nun ist es sehr unwahrscheinlich, dass heutige Politiker vier Jahrzehnte auf wissenschaftliche Ergebnisse warten, die z.B. für die Pandemiebekämpfung relevant sind.

Das wichtigste ist jedoch, dass sich die Politik mehrere Experten anhört, die in Konkurrenz miteinander stehen und zusammen in etwa die Bandbreite des wissenschaftlichen Diskurses abbilden. Wie auch Patienten bei wichtigen Entscheidungen gut daran tun, sich bei mehreren Ärzten Empfehlungen zu holen und dadurch einen Eindruck von der Bandbreite der medizinischen Meinungen und Therapieoptionen bekommen, sollte die Politik von dieser Möglichkeit Gebrauch machen. Dadurch, dass die Experten in Konkurrenz zueinander stehen, bestehen Anreize, kognitive und motivationsbezogene Verzerrungen so weit wie möglich zu reduzieren.

Ein wichtiger Einwand ist, dass die Politik die Auswahl von Experten so trifft, dass nicht wirkliche Beratung in Anspruch genommen wird, sondern nur bereits getroffene Entscheidungen einen wissenschaftlichen Anstrich bekommen sollen. Diese Möglichkeit besteht, würde aber eine Verletzung des Auftrags an politische Repräsentanten konstituieren. Ein Patient konsultiert auch keinen Arzt, um seine vorgefertigte Meinung zu bestätigen, sondern um ein medizinisches Problem zu lösen. Ebenso sollte die Politik Experten zu Rate ziehen, um soziale Probleme besser zu lösen. Damit dem so ist, sind eine funktionierende kritische Presse, eine interessierte und kritische Öffentlichkeit sowie ein gutes Bildungswesen von entscheidender Bedeutung.

Literaturverzeichnis

Berlin, Isaiah 1953. *The Hedgehog and the Fox*. London, Weidenfeld & Nicolson.

Campbell, Eric, Russell Gruen, James Mountford, Lawrence Miller, Paul Cleary and David Blumenthal 2007. «A National Survey of Physician-Industry Relationships.» *New England Journal of Medicine* 356(17): 1742-1750.

Epstein, Gene (2018) «Continually Mistaken, Chronically Admired.» *City Journal*, September 20, 2018.

Friedman, Jeffrey 2020. Power without Knowledge: A Critique of Technocracy. Oxford: Oxford University Press.

Gigerenzer, Gerd, Wolfgang Gaissmaier, Elke Kurz-Milcke, Lisa Schwartz and Steven Woloshin 2007. «Helping Doctors and Patients Make Sense of Health Statistics.» *Psychological Science in the Public Interest* 8(2): 53-96.

Habermas, Jürgen 1968. Verwissenschaftlichte Politik und öffentliche Meinung. *Technik und Wissenschaft als «Ideologie»*. Frankfurt, Suhrkamp: 120-145.

Haidt, Jonathan 2013. The Righteous Mind: Why Good People Are Divided by Politics and Religion. London, Penguin.

Hoffrage, Ulrich and Gerd Gigerenzer 2003. How to Improve the Diagnostic Inferences of Medical Experts. *Experts in Science and Society*. Elke Kurz-Milcke and Gerd Gigerenzer, Eds. Dordrecht, Kluwer: 249-268.

Koppl, Roger 2018. *Expert Failure*. Cambridge, Cambridge University Press.

Krugman, Paul 2015. Liberals and Wages. New York (NY), New York Times. 17 July 2015.

Lexchin, Joel, Lisa Bero, Benjamin Djulbegovic and Otavio Clark 2003. «Pharmaceutical industry sponsorship and research outcome and quality: systematic review.» *British Medical Journal* 326(7400): 1167.

Marabotti, Claudio 2022. «Efficacy and effectiveness of covid-19 vaccine — absolute vs. relative risk reduction.» *Expert Review of Vaccines*.

Montano, Diego 2022. «Frequency and Associations of Adverse Reactions of COVID-19 Vaccines Reported to Pharmacovigilance Systems in the European Union and the United States.» *Frontiers in Public Health* 9.

Mussa, Michael and Sherwin Rosen 1978. «Monoply and Product Quality.» *Journal of Economic Theory* 18: 301-317.

Neumark, D. and W. L. Wascher 2008. *Minimum wages*, The MIT Press.

Reiss, Julian 2019. «Expertise, Agreement, and the Nature of Social Scientific Facts or: Against Epistocracy.» *Social Epistemology* 33(2): 183-192.

Smith, John. (2018). «Paul Krugman the lord of wrong predictions.» BPR Business & Politics Retrieved 6. March, 2020.

Tetlock, Philip 2006. Expert Political Judgment: How Good Is It? How Can We Know? Princeton, Princeton University Press.

Timmerman, Carsten 2014. A History of Lung Cancer: The Recalcitrant Disease. Basingstoke, Palgrave Macmillan.

Turner, Stephen 2001. «What is the Problem with Experts?» *Social Studies of Science* 31(1): 123-149.

II.
ENTPOLITISIERUNG DER WISSENSCHAFT

Das Elend der Übereinstimmung

Boris Kotchoubey

Wie wählen wir von Tausenden möglichen Informations-
quellen die zuverlässigeren aus, auf deren Basis wir unsere Urteile bilden? Um diese allgemeine Frage für die
Medizin zu konkretisieren: Auf welche Informationsquel-
len kann sich ein Arzt verlassen, wenn er für seinen Patienten die optimale Behandlungsmethode sucht?

Die gegen Ende des 20. Jahrhunderts gegründete
Evidenz-Basierte Medizin (EBM) entwickelte eine Skala
der Zuverlässigkeitsebenen, die sogenannte *Hierarchie
der Evidenz*. Ganz weit oben auf dieser Skala steht eine
randomisierte kontrollierte Studie (engl. «Randomised
Controlled Trial», RCT), d.h. eine prospektive Kontroll-
studie, in der Patienten zu einer der zwei Gruppen (Be-
handlungsgruppe und Kontrollgruppe) per Zufall zugewiesen werden. Noch höher wäre nur eine integrative
Analyse von mehreren unabhängig voneinander durch-
geführten RCTs.

Steigen wir die Skala von oben nach unten herab,
so sehen wir auf weiteren Stufen andere, weniger streng
kontrollierte medizinische Experimente. Schliesslich finden wir ganz unten am Boden der Hierarchie den Expertenkonsensus als die *unzuverlässigste Quelle schlechthin*.
Nur wenn der Arzt überhaupt keine anderen Daten zur
Verfügung hat, auf denen er seine Entscheidung basieren
kann, darf er sich auf eine Expertenmeinung berufen.

Phloghiston

Das Geheimnis der Brennvorgänge interessierte die Forscher seit Antike. Zwei hervorragende deutsche Chemi-

ker, Johann Joachim Becher und Georg Ernst Stahl (auch Ärzte und bekannte Erfinder), entwickelten Ende des 17. und Anfang des 18. Jahrhunderts eine Theorie, nach welcher alle brennenden Materialien (z.b. Holz) einen spezifischen Brennstoff beinhalten, den Stahl mit dem griechischen Wort «Phloghiston» bezeichnete. Beim Brennen verflüchtigt sich das Phloghiston, und es bleibt der Rest (Asche). Auch Korrosion, also das Verrosten, wurde als eine Art Entfernung von Phloghiston aus einem Metall begriffen.

Dabei entstand allerdings eine Schwierigkeit, dass die Asche als Endergebnis des Brennens leichter ist als das Ausgangsmaterial, während das Endergebnis der Korrosion dagegen schwerer ist als das Metall am Anfang. Später wurde festgestellt, dass einige Stoffe (z.b. Phosphor) beim Brennen auch das Gewicht erhöhen, statt es zu verlieren. Welches Gewicht hat dann das Phloghiston selbst?

Etwa achtzig Jahre lang arbeiteten die Köpfe der begabtesten Chemiker Europas an der Lösung dieser Frage. Die eine heiss debattierte und schliesslich abgelehnte Hypothese bestand darin, dass Phloghiston gar kein Stoff ist, sondern ein metaphysisches Prinzip. Dann sollte auch die Frage nach seinem Gewicht keinen Sinn haben. Eine alternative Erklärung für die Gewichtszunahme war die Gleichsetzung des Phloghistons mit einem sehr leichten Element, das im Brennvorgang von der schwereren Luft ersetzt wird. Schliesslich hat die Theorie die Oberhand gewonnen, dass das Phloghiston ein negatives Gewicht hat.

Die Akkumulation der experimentellen Befunde, dass viele Stoffe nach dem Verbrennen schwerer werden, erweckte um 1770 bei Antoine de Lavoisier den Verdacht, dass mit der ganzen Phloghiston-basierten chemischen

Wissenschaft etwas nicht stimmt. Er wollte die gesamte Literatur zum Brennen durchforsten, aber – einer Überlieferung nach – reichten seine Englischkenntnisse dazu nicht aus. Zufälligerweise hat er aber gerade zu dieser Zeit geheiratet, und seine Frau Marie-Anne, die erst 13 Jahre jung war, half ihm mit der Übersetzung der wichtigsten britischen Chemiker. Ein Schlüsselergebnis für ihn war der Besuch in Paris des berühmten Joseph Priestley, der Lavoisier erzählte, dass ihm gelungen ist, das Phloghiston aus der Luft zu entfernen und damit eine, wie er meinte, «entphloghistierte Luft» zu erhalten.

Wir wissen nicht, wann genau Lavoisier begriff, dass alles vom Kopf auf Füsse gestellt werden muss. Das ganze hundertjährige System von Phloghistontheorien war falsch; die Arbeit der drei Generationen war umsonst. *Es gibt kein Phloghiston.* Die «entphloghistierte Luft» ist ein chemisches Element, Oxygen (Sauerstoff), das sich beim Brennen mit dem Brennstoff verbindet und ein Oxid bildet. Das bedeutet u.a., dass das Wasser, das seit 2500 Jahren als eines der Grundelemente der Welt galt, gar kein Element ist, sondern ebenfalls ein Oxid, nämlich das des Wasserstoffes.

Kein Wunder, dass diese vollständige Umkehr der gesamten Weltvorstellungen von keinem damaligen Chemiker hingenommen wurde. Kein wissenschaftliches Organ wollte die Berichte von Lavoisier drucken, und bei Konferenzen wurden seine Ansichten verspottet. Man suchte die kleinsten methodischen Nachteile in seinen Experimenten, nach jeder Möglichkeit, seine Ergebnisse anders zu deuten. Ausgerechnet Priestley, der eigentliche Entdecker des Sauerstoffes, wurde zu seinem bösesten Kritiker.

Erst Ende der 1780er Jahre wurde die Wahrheit der Ideen Lavoisiers akzeptiert. Die Phloghistontheorien wurden verworfen, und damit die moderne chemische Wissenschaft gegründet. 1794 wurde Lavoisier hingerichtet, allerdings nicht für seine Wissenschaft, sondern für die Teilnahme an Steuergeschäften, die bis 1789 legal gewesen waren.

Nach einer weiteren Überlieferung bat Lavoisier den Richter, sein Leben zu erhalten, damit er weiter forschen konnte. Jener antwortete: «Die Republik braucht weder Gelehrte noch Chemiker; der Gang der Gerechtigkeit kann nicht unterbrochen werden». Ein paar Monate später wurde auch der Richter guillotiniert.

Eugenik

Die umfassende Übereinstimmung der Experten über das Ploghiston hielt zwar die Entwicklung der Naturwissenschaft auf Jahrzehnte auf, fügte aber keinem konkreten Menschen unmittelbar Schaden an Leib und Leben zu. Ein anderer Expertenkonsensus führte jedoch eine humanitäre Katastrophe herbei.

1798 veröffentlichte der englische Priester Thomas Malthus sein Werk *An Essay on the Principle of Population*, in dem er die finstere Perspektive aufzeichnete, die nach ihm «die malthusianische Katastrophe» genannt wurde: Die Erhöhung der Produktivität der Landwirtschaft führe zur Bevölkerungszunahme, die den Bedarf an Lebensmitteln im höheren Masse steigere als die erhöhte Produktion decken könne. Das Ergebnis dieser Bevölkerungsexplosion müssen notwendigerweise Hungernöte und grausame Kriege zwischen den um die knappe Nahrung kämpfenden Völkern sein.

In der Tat wuchs die europäische Bevölkerung während des ganzen 19. Jahrhunderts immer schneller; doch am Jahrhundertende entstand ein neues Phänomen:

Die Geburtsrate ging dramatisch zurück, von den vorma-
ligen zehn bis fünfzehn Kindern pro Familie auf drei bis
vier. Das Wachstum verlangsamte sich rasch, wie ein Jet-
flugzeug nach der Landung. Sofort entstand eine andere
Horrorvision: Wenn die Reproduktion weiter falle, würden die wenigen Kinder nicht in der Lage sein, ihre Eltern
zu unterstützen, die Bevölkerung werde vergreisen und
implodieren.

Auf den ersten Blick widersprechen sich diese
zwei Weltuntergangsszenarien diametral: Entweder
stirbt die Menschheit an der Überbevölkerung der Erde
oder an der Unterbevölkerung aus. Aber die Untergangs-
propheten sind erfinderisch; sie haben es geschafft, aus
den zwei entgegengesetzten Konzepten ein Narrativ zu
basteln, und zwar: Verschiedene Menschen und Men-
schengruppen («Rassen») hätten verschiedene Erbquali-
täten, höher- oder minderwertige Erbanlagen. Diese An-
lagen bestimmten auch den Wert ihrer Träger; also gebe
es von Natur aus höher- und minderwertige Menschen.
Die Menschheit könne nur dann fortschreiten, wenn sich
die genetisch Wertvollen gegenüber den genetisch Minderwertigen durchsetzten. Umgekehrt drohe der
Menschheit ein Niedergang, wenn sich die Minderwertigen rascher vermehrten als die Hochwertigen. Die «höheren» Menschen zeugten immer weniger Kinder und ent-
arteten, die «niederen» seien dagegen Akteure im malthu-
sianischen Szenario, sie vermehrten sich unbegrenzt und
überfüllten die Welt mit ihren Nachkommen, denen sie
ihre «schlechten Gene» weitergäben. Alles doppelt so
schlimm wie in jedem Katastrophenszenario allein.

Wie in allen Weltuntergangsnarrativen, ist es fünf
vor zwölf. Will man in der letzten Sekunde die Welt gerade noch retten, müssen sofortige Massnahmen ergriffen
werden, um die Vermehrung der Menschen mit schlech-

ten Genen aufzuhalten; dazu gehören Heiratsverbote für «Minderwertige» sowie deren Isolation und Sterilisation. Zwischen ca. 1890 und 1945, als die oben beschriebenen Ansichten Allgemeingut waren, wurden schätzungsweise 700'000 bis 900'000 Menschen zwangssterilisiert, etwa die Hälfte davon im nationalsozialistischen Deutschland, die andere Hälfte in demokratisch regierten Ländern Europas und Nordamerikas.[1]

Des Weiteren wurden die «erblich Minderwertigen» als Objekte in biomedizinischen Experimenten verwendet, deren Ergebnisse den wertvolleren Menschen möglicherweise das Leben retten oder verbessern sollten. Menschen, v.a. geistig behinderte oder epilepsiekranke Kinder, wurden ohne ihre Zustimmung oder die Zustimmung der Eltern mit gefährlichen Krankheiten – Syphilis, Diphterie, Scharlach, Lepra, Tuberkulose, Gelbfieber – angesteckt, um den Krankheitsverlauf genau zu verfolgen und auf dieser Grundlage Behandlungsmöglichkeiten auszuprobieren.

Einspritzen der die Gonokokken enthaltenden Flüssigkeit in die Augen von Kindern war eine gängige Methode zur Untersuchung von Mechanismen der Gonorrhöe, einer damals verbreiteten Krankheit. Auch Stoffwechselerkrankungen wurden an Kindern, in der Regel Waisen aus der Unterschicht – in Nordamerika auch an Kindern von Schwarzen, Indianern und Inuits – erforscht, bei denen zum Beispiel durch systematischen Vitaminentzug die entsprechenden Symptome hervorgerufen wurden. Viele Versuchskinder starben, andere verloren ihre Gesundheit für immer.[2]

---

[1] Vgl. Etzenmüller, T. *Ein ewigwährender Untergang*. Transcript Verlag, 2007.

[2] Grodin, M.A., Glantz, L.H. (Eds.) *Children as Research Subjects: Science, Ethics, and Law*; MacDonald N. E., et al. Canada's shameful history of nutrition research on residential school children. *Paediatrics & Child Health*, 2014, 19(2), 64.

Das war weder das Mittelalter mit seiner Astrologie noch das 18. Jahrhundert mit seinem Phloghiston. Das war vor weniger als hundert Jahren. Wer in den betroffenen Wissenschaften (Biologie, Medizin, Genetik, Ethnologie, Psychologie, Bevölkerungskunde, Wirtschaftswissenschaft, Soziologie) konnte damals diesen gefährlichen, grausamen Unsinn unterstützen?

Die Antwort ist kurz: Alle. Die eugenische Bewegung beruhte in der ersten Hälfte des 20. Jahrhunderts auf einem nahezu vollständigen und fächerübergreifenden Konsens der Experten in einem riesigen Bereich von Bio- und Sozialwissenschaften. Die höchste wissenschaftliche Qualität der meisten Eugeniker kann genauso wenig bestritten werden wie ihre menschliche Integrität. Unter den Unterstützern der eugenischen Politik und Entwicklern eugenischer Theorien befinden sich allgemein anerkannte wissenschaftliche Genies wie der Begründer der biologischen Statistik und einer der Begründer der modernen Evolutionstheorie Roland Fisher, der Telefonerfinder Alexander Graham Bell, der einflussreiche britische Ökonom John Maynard Keynes, sein amerikanischer Kollege Irving Fisher, die Mitbegründer der klassischen Psychiatrie Auguste Forel und Eugen Bleuler, der grosse schwedische Neurologe Herman Lundborg, die Soziologin und Gewerkschaftsaktivistin Beatrice Webb sowie Dutzende Nobelpreisträger.

Unterstützt wurden diese Wissenschaftler durch weltberühmte Intellektuelle wie den Schriftsteller George Bernard Shaw, den Strafrechtler Karl Binding, die Heldin der amerikanischen Frauenbewegung Margaret Sanger (sie hat den Begriff «Geburtenkontrolle» eingeführt), die Friedensnobelpreisträgerin Alva Myrdal oder Julian Huxley, den ersten Präsidenten der UNESCO und Co-Autor der Allgemeinen Deklaration der Menschenrechte. Wie klein fühlt man sich angesichts des absoluten Konsensus solcher Giganten!

Es mag paradox erscheinen, wenn man Berichte über Zwangssterilisierungen und Kinderversuche in den demokratischen Staaten USA, Kanada, Schweiz, Schweden, Finnland liest – aber nicht in faschistischen Diktaturen Italien, Spanien und Portugal. Das Paradox verschwindet, wenn wir uns daran erinnern, dass diese Regimes mit Begriffen wie Staat und Volk, Kirche und Tradition operierten, aber keinen grossen Wert auf Wissenschaft, auf den wissenschaftlichen Konsensus und die «wissenschaftliche Notwendigkeit» legten.

Alles passé?

Ein völlig irrationaler, aber erstaunlich verbreiteter Irrglaube besagt, dass die Wissenschaftler der Vergangenheit – auch unbestrittene Genies, Nobel- und sonstige Preisträger – Fehler machten und sogar manchmal «unwissenschaftlich vorgingen»; wir aber, wenngleich nicht so begabt, besitzen das Glück der Fehlerfreiheit. Alle Theorien der Vergangenheit mögen falsch gewesen sein; unsere Theorien sind aber wahr, weil wir sie mit Fakten begründen können.

Der berühmte Wissenschaftshistoriker Thomas Kuhn war ein grosser Kämpfer gegen diesen Irrtum. In seinem Bestseller[3] zeigte er, dass nicht nur die Wissenschaften der Neuzeit, sondern auch jene uralten Theorien, die wir heute leichtsinnig «Pseudowissenschaft» oder «Vorwissenschaft» nennen (Alchemie, Astrologie, die geozentrische Astronomie), nach genau denselben logischen und methodologischen Prinzipien aufgebaut

---

[3] Kuhn, Th. *The Structure of Scientific Revolutions*. Chicago, University of Chicago Press, 1962.

wurden, wie die gegenwärtigen wissenschaftlichen Theorien, und dass deshalb die letzteren genauso viel Chancen haben, sich in der Zukunft als falsch zu erweisen, wie auch die ersteren sich als falsch erwiesen haben.

Eine Studie über die Geschichte von Aderlass, einer Heilmethode, die Tausende Jahre lang angewendet wurde und in dieser Zeit mehr Menschen umbrachte als ein grosser Krieg, endet mit der Aussage:

«We may wonder why the practice of bloodletting persisted for so long. ... With our present understanding of pathophysiology we might be tempted to laugh at such methods of therapy. But what will physicians think of our current medical practice hundred years from now? They may be astonished at our overuse of antibiotics, our tendency to polypharmacy, and the bluntness of treatments like radiation and chemotherapy».[4]

In den Arbeiten der Eugeniker finden wir im Rückblick nicht nur ethische, sondern konkrete wissenschaftlich-methodische Fehler, die zu falschen Schlussfolgerungen führten. Doch diese Fehler (unpräzise Methoden, gewagte Analogien, invalide Messinstrumente u.v.a.) sind genau derselben Art, wie sie uns auch heute immer wieder unterlaufen. Nicht diese Fehler, die im Gang der Wissenschaft üblich sind, haben aus der Eugenik die Grundlage für die nationalsozialistische Politik in Deutschland und für massive Menschenrechtsverletzungen in anderen Ländern gemacht, sondern der fanatische Glaube daran, dass sich «die Mehrheit der Experten nicht irren kann», und dass diese Mehrheitsmeinung unmittel-

---

[4] Greenstone, G. The history of bloodletting. *British Columbia Medical Journal,* 2010, 52(1), https://bcmj.org/premise/history-bloodletting.

bar eine Anleitung zum sofortigen politischen Handeln werden sollte.

Für uns in der Gegenwart gibt es aber noch weitere, stärkere Gründe dafür, dass wissenschaftliche Einhelligkeit in die Sackgasse führt.

Der Alptraum von Leo Szilard

Der grosse Physiker Leo Szilard, einer der besten Köpfe im Manhattan-Projekt und engster Freund von Einstein, war nebenbei auch ein phantasiereicher, wenn auch aus literarischer Sicht nicht unbedingt hervorragender Science-Fiction-Autor.

Der Held einer seiner kurzen Erzählungen *Mark Gable Foundation* landet auf eine fantastische Weise in der fernen Zukunft. Dort trifft er einen superreichen Mann namens Mark Gable, der sich bei ihm über einen viel zu schnellen wissenschaftlichen Fortschritt beschwert. Die Menschheit, meint der Multimilliardär, kann mit einer so raschen Entwicklung nicht Schritt halten. Er fragt den Helden der Geschichte, wie man den Fortschritt abbremsen könnte. Dieser antwortet, es sei durchaus möglich, wenn Gable ein bisschen mehr von seinem riesigen Vermögen in die Forschung investiere. Dessen Reaktion ist Überraschung: Wenn ich mit meinen Geldern die Forschung fördere, beschleunige ich den wissenschaftlichen Fortschritt, statt ihn zu verhindern!

Das sei eine falsche Schlussfolgerung, entgegnet der Held.

«You could set up a Foundation, with an annual endowment of thirty million dollars[5]. ... Have ten committees, each composed of twelve scientists... Take the most active scientists out of the laboratory and make them members of these committees. And the very best men in the field should be appointed as Chairmen at salaries of $50,000 each. Also have about twenty prizes of $100,000 each for the best scientific papers of the year. This is just about all you would have to do. First of all, the best scientists would be removed from their laboratories and kept busy on committees passing on applications for funds. Secondly, the scientific workers in need of funds will concentrate on problems which are considered promising and are pretty certain to lead to publishable results. For a few years there may be a great increase in scientific output; but by going after the obvious, pretty soon science will dry out. Science will become something like a parlor game. Some things will be considered interesting, others will not. There will be fashions. Those who follow the fashion will get grants. Those who won't, will not, and pretty soon they will learn to follow the fashion too.»[6]

Allerdings haben die Physiker auch sehr früh erkannt, wie der eigentliche Name des Marc Gable ist: der Staat. Bereits an einer grossen, von physikalischen Weltstars besetzten Konferenz im Dezember 1946 sagte Isidor Rabi (Nobelpreisträger aus dem Jahr 1944 für seine

---

[5] Um sich die im Zitat genannten Summen in gegenwärtigen Werten vorzustellen, kann man sie grob mit 90 multiplizieren; Der Stiftungsetat wäre etwa 2,5 Milliarden US-Dollar.

[6] Zit. nach https://library.ucsd.edu/dc/object/bb33804055/_1.pdf, aufgerufen am 17.02.2022; meine Hervorhebung - BK

Entdeckung der Magnetresonanz) im Bezug auf ständig wachsende Summen, die für die Förderung komplexer Experimente notwendig sind, dass, wenn die staatlichen Strukturen beschlossen hätten, Universitäten zu kontrollieren, es dafür keine bessere Methode gebe als durch die Verteilung von Fördermittel. Darauf antwortete George Kistiakowsky:

> *«It seems to me that the danger is not in the government offering large sums of money to the colleges, but in the eagerness with which a great many scientists accept this money and sacrifice their freedom accepting as they do, a specified program of research.... If we would just be a little more independent and refuse to accept this money unless it is offered on our own terms, there would not be so much danger as at present is foreseen.»*[7]

Die Epoche nach 1950 war gekennzeichnet durch einen raketenartigen Anstieg staatlicher Forschungssubventionen. Zwischen 1950 und 1980 hat die Finanzierung der medizinisch-biologischen Forschung in den USA inflationsbereinigt um das 17,4-fache zugenommen. Ähnliche Entwicklungen fanden in anderen Industrienationen statt. Lohnen sich diese Investitionen? Zweifellos hat die Forschung in den Jahren 1960 bis 2010, dem Halbjahrhundert der explosionsartigen Kostensteigerung, grosse Erfolge gefeiert. Aber wer kann behaupten, dass der Fortschritt der Wissenschaft wirklich schneller war als in der gleichen Periode davor (1910-1960), oder noch weiter davor (1860-1910)?

---

[7] Zit. nach Wigner E.P. (1946) (Ed.) Physical science and human values, S. 40, https://archive.org/details/physicalscienceh00prin/page/40/mode/2up, aufgerufen am 09.03.2022.

Die Universitäten haben sich daran gewöhnt, dass Forschungsetats ständig wachsen. Das stete Wachstum der (v.a. staatlichen) Finanzierung der Forschung wurde von Wissenschaftlern und Wissenschaftsfunktionären fast wie ein Naturgesetz wahrgenommen. Es entwickelte sich ein in seiner Naivität unfassbarer Glaube an den natürlichen Zusammenhang zwischen der Höhe der Investitionen und der Qualität der wissenschaftlichen Leistung. Nur ein Ketzer könnte daran zweifeln, dass sich «Investitionen» in die Wissenschaft für die Gesellschaft immer lohnen.

Wie würden wir lachen, wenn ein Präsident eines Künstlervereins oder der Rektor eines Konservatoriums behauptet hätte, dass wir bald neue Giocondas und Zauberflöten bekämen, wenn wir nur ein paar Hundertmillionen Steuergelder mehr in Malerei und Komposition hineinpumpten. In der Wissenschaft ist diese Argumentation ganz normal.

Bürokratie und Prekariat

Das vermeintliche «Naturgesetz» der immer steigenden Forschungssubventionen hatte zwei Haken. Zum einen passte es nicht mit dem allgemeinen Wirtschaftswachstum im Westen zusammen, der nach 2000, und insbesondere nach 2008, immer langsamer wurde. Zum anderen nehmen zwar die Gesamtsummen, die Wissenschaftler im Prinzip für ihre Forschung bekommen können, regelmässig zu, aber der Anteil der Forschungsgelder, den sie «automatisch», einfach in Kraft ihrer Position (als Professoren, Lehrstuhlinhaber, Gruppen-, Abteilungs-, Institutsleiter o.ä.) erhalten, nimmt stets ab. Mit der Entstehung der Massenuniversitäten wurde sogar die Situation möglich, dass diese Gelder nur knapp für die Deckung eines Lehrprozesses ausreichen, während die Forschung leer ausgeht.

Alles über diese immer bescheideneren Summen Hinausgehende muss extra erworben werden als Drittmittel, wobei der mit Abstand grösste Drittmittelgeber wiederum der Staat ist. Er verdoppelt damit die Abhängigkeit der Wissenschaftler: Er bietet einerseits einen immer grösseren Kuchen an, verlangt aber andererseits immer mehr Anstrengung, um mindestens ein Stückchen dieses Kuchens tatsächlich zu bekommen. Die Drittmittelgelder sollen im Konkurrenzkampf gegen andere Antragsteller erworben werden.

Die Idee enthält einen rationalen Kern: Wenn die Konkurrenz nicht sehr hart ist, und die Bewilligungsquoten über 50 Prozent liegen, führt die Auswahl einfach zum Verwerfen schlechter Projekte. Bei stärkerer Konkurrenz wird aber die Auswahl immer abhängiger vom Grad der Anpassung des Antragstellers an die Anforderung des Geldgebers: «Wes Brot ich ess, des Lied ich sing.»

Die Lösung des Problems bestand in der Umwandlung der Universitäten in Forschungsbetriebe. Diese Forschungsbetriebe sind Werke der staatlichen Planwissenschaft, im Wesentlichen aus zwei Klassen bestehend: Wissenschaftsfunktionäre und wissenschaftliches Prekariat. Nationalhistorisch bedingt gibt es selbstverständlich grosse Unterschiede zwischen z.b. deutschen, französischen, britischen und amerikanischen Universitäten. Merkwürdig ist deshalb, dass 2014/15 in den USA und in Deutschland völlig unabhängig voneinander zwei Artikel über den Zustand der Universitäten erschienen, deren Ähnlichkeit verblüffend war.

In den USA[8] verdoppelte sich die Anzahl der Verwaltungsangestellten innerhalb von 25 Jahren; das bedeutet, dass Universitäten jeden Arbeitstag im Durchschnitt 87 neue Verwaltungsleute eingestellt haben. Zur gleichen Zeit haben die Universitäten – um Geld zu sparen – die Zahl der Dozentenstellen drastisch reduziert; der Anteil von Unterrichtsstunden, die von zeitlich befristeten, prekären Mitarbeitern geführt wurden, war 2012 1,5 Mal grösser als 1987. Das Verhältnis zwischen dem nicht-wissenschaftlichen Personal und dem festangestellten wissenschaftlichen Personal hat sich verdoppelt. Ein besonders grosses Wachstum fand an den Zentralabteilungen der grossen Universitäten statt, die mehrere Campi besitzen, wie z.B. die University of California. Dort wuchsen die Verwaltungen in ganzen Grössenordnungen, ohne dass die Anzahl der Verwaltungsangestellten in einzelnen Campi abnahm.

In Deutschland[9] nahm die Anzahl unbefristeter Stellen an universitären Verwaltungen in den ersten sieben Jahren nach Beginn der Exzellenzinitiative um 17 Prozent zu, die Anzahl der unbefristeten wissenschaftlichen Stellen um weniger als 1 Prozent. Für jede neue unbefristete wissenschaftliche Stelle wurden zehn befristete Stellen geschaffen. Vor dem Beginn der Exzellenzinitiative war das Verhältnis vom administrativen zum wissenschaftlichen Personal 0,57, nach 7 Jahren wurde es 0,64. Auch in den weiteren 7 Jahren setzte sich die Tendenz fort: Die Zahl der Professorenstellen nahm zwischen 2012 und 2019 um 11 Prozent zu, die Zahl der Dozenten und

---

[8] https://www.huffpost.com/entry/higher-ed-administrators-growth_n_4738584, aufgerufen am 14.04.2022
[9] https://www.faz.net/aktuell/feuilleton/forschung-und-lehre/verbesserung-der-arbeitsbedingungen-an-unis-13354907.html, aufgerufen am 14.04.2022

Assistenten um 8,6 Prozent, während das Verwaltungs-
personal im gleichen Zeitraum um 30 Prozent zunahm.[10]

Das Zauberwort ist «Flexibilisierung». Das bedeutet, dass ein immer grösserer Teil der Wissenschaftler
«flexibel», d.h. prekär arbeiten soll, in der Regel mit drei-
jährigen Verträgen. Der Befristungsanteil in der deutschen Forschung übersteigt 80 Prozent, obwohl in den anderen Sektoren des öffentlichen Dienstes das Verhältnis
genau umgekehrt ist: über 80 Prozent aller Stellen sind
unbefristet. Die katastrophal fehlende Lebensperspektive
jüngerer Wissenschaftler versuchen manche Politiker sogar als einen Erfolg darzustellen: Ein steter Wechsel sei
gut, weil immer neue Menschen mit hoffentlich neuen
Ideen kommen, sonst drohe Stau und Routine. Wäre das
Argument richtig, sollte man schlussfolgern, dass in der
Verwaltung und sonstigen ausserwissenschaftlichen Tä-
tigkeitsbereichen Stau und Routine erstrebenswert sind.

Die Wissenschaft, die sich immer bestätigt

Doch genau das Gegenteil ist der Fall. Die zum permanenten Zustand erhobene Befristung macht die Masse der
prekären Wissenschaftler total abhängig von ihren Vorgesetzten. Die Atmosphäre einer kompletten Zukunftsunsicherheit trägt keineswegs zur Kreativität der Forscher bei; sie sichert aber die Macht der wenigen Unbefristeten, und vor allem der Abteilungs- und Institutsleiter über das Heer der de facto rechtlosen Befristeten.

Die Letzteren werden in einem absoluten Gehorsam erzogen. Statt «frische Ideen» anzubieten, werden sie
gezwungen, alle Konzepte und Theorien ihrer Chefs mit
Begeisterung zu übernehmen, da ihre Existenz einzig und

---

[10] https://www-genesis.destatis.de/genesis/online?language=de&sequenz=tab
ellen&selectionname=213*#abreadcrumb

allein von der Gunst der Chefs, die nach drei Jahren ihren Arbeitsvertrag verlängern können, abhängt. Bedingungslose Konformität statt eigener Leistung wird zur einzigen Vorbedingung zum Aufstieg, und wehe dem jungen Forscher, der in seinem Experiment zu einem Ergebnis kommt, das die Hypothese des Vorgesetzten nicht bestätigt oder diese – «horribile dictu» – sogar widerlegt.

Wer nur auch schon den Gedanken zulässt, dass die Mainstreammeinung möglicherweise falsch sein könnte, gerät in Konflikt mit den «Älteren» und kann gleich in einem anderen Bereich ausserhalb der Wissenschaft eine Stelle suchen. Gehorsam und Konformität führen zum Erfolg: Das lernt der junge Wissenschaftler heute seit seinen ersten Schritten.

Die Ergebnisse lassen nicht lange auf sich warten. Daniele Fanelli aus der London School of Economics konnte sie sogar quantitativ erfassen.[11] Anfang der 1990er Jahre haben ca. 25 bis 30 Prozent der wissenschaftlichen Artikel in allen Fächern die Ausgangshypothese der Studie nicht bestätigt. Fünfzehn Jahre später waren es in MINT-Fächern (Mathematik, Informatik, Naturwissenschaft und Technik) nur 15 bis 20 Prozent, in den Biowissenschaften 10 bis 15 Prozent und in Sozialwissenschaften kaum mehr als 10 Prozent.

Besonders stark zeigte sich der Trend in asiatischen Studien: Die Anzahl der Publikationen aus Japan, China und Südkorea mit nicht-konformen Ergebnissen sank in 15 Jahren von 25-30 Prozent auf 5 bis 10 Prozent. In einigen Jahren wie 2007 konnte im asiatischen Raum keine einzige Publikation gefunden werden, in der die

---

[11] Fanelli, D. «Positive» results increase down the hierarchy of the sciences. *PLoS ONE* 2010, 5(4): e10068.
Fanelli, D. Negative results are disappearing from most disciplines and countries. *Scientometrics*, 2012, 90, 891-904.

empirischen Daten die Ausgangshypothese zurückge-
wiesen hätten.

Immer wenn die Wissenschaftler am Anfang eine
Vermutung herausstellen, wird diese Vermutung am
Ende bestätigt. Der Weg zum Konsensus ist offen, nur
eine Frage bleibt: Wenn alle Hypothesen bestätigt werden, wozu brauchen wir noch Forschung?

Fazit

Der Sinn der Wissenschaft besteht nicht darin, eine Übereinstimmung über «ewige und absolute Wahrheiten» zu
erreichen (und dann auszuruhen), sondern darin, durch
Fortschritt von schlechteren zu besseren Theorien, von
weniger genauen zu genaueren Messungen, von vagen
zu präzisen Formulierungen der Wahrheit anzunähern.

Orientierung auf dem «Stand der Wissenschaft»
ist immer falsch. Die Wissenschaft befindet sich nicht im
Stehen, sondern in Bewegung. Sie lebt vom Zweifel,
Streit, verschiedenen Meinungen. Sie ist «die institutionalisierte Skepsis».[12] Noch Sokrates hat ihr wahres Wesen
in seinem Spruch «Ich bin der weiseste Mann, nicht weil
ich viel weiss, sondern weil ich weiss, dass ich nichts
weiss» vorgefasst.

*«Scientific knowledge is a body of statements of
various degrees of certainty – some most unsure,
some nearly sure, none absolutely certain. Now,
we scientists ... take it for granted that it is per-
fectly consistent to be unsure – that it is possible to
live and not know. [...] This is not a new idea; this
is the idea of the age of reason. This is the philosophy that guided the men who made the demo-*

---

[12] Merton, R.K. *The Sociology of Science. Theoretical and Empirical Investigations.*
Chicago, University of Chicago Press, 1973.

cracy that we live under. The idea that no one really knew how to rule a government led to the idea that we should arrange a system by which new ideas could be developed, tried out, tossed out, more new ideas brought in; a trial and error system. ... If we want to solve a problem that we have never solved before, we must leave the door to the unknown ajar.»[13]

---

[13] Feynman, R. P. The value of science. *Engineering and Science, 1955, 19,* S. 14-16, meine Hervorhebung - BK

«Cancel Culture», Diskursverengung und die Politisierung der Wissenschaft

Ulrike Ackermann

Die Gesellschaften in Europa und den USA zersplittern seit einigen Jahren in immer neue Kollektive, die für ihre partikularen Gruppeninteressen kämpfen und mit ihrer teils fundamentalistischen Identitätspolitik für eine weitere Fragmentierung der Gesellschaft sorgen. Im Zuge der digitalen Revolution haben diese Prozesse der Kollektivierung und Blasenbildung immens zugenommen. Die alte bürgerliche Öffentlichkeit verflüchtigt sich zunehmend zwischen Blogs und Plattformen im Internet, zwischen Informationsblasen, Shitstorms und sich selbst aufheizenden Echoräumen. Blogs, ihre Fans und Followers schaffen immer weitere, sich selbst bestätigende Milieus im Netz, die sich kollektiv abschotten, uniformer werden und politischer Lagerbildung Vorschub leisten.

Paradoxerweise sorgen diese Kollektivierungsprozesse im Netz dafür, dass die politische Vielfalt der Meinungen und Positionen schrumpft. Techniken der Schwarmbildung und politische Polarisierungsprozesse sind dabei eng miteinander verschränkt. Wir können von einem regelrechten Tribalismus sprechen, und beobachten Stammeskämpfe um Deutungshoheit, die mit einer aggressiven Verrohung der gesamten Kommunikation einhergehen.

Um vermeintlich verletzte Gefühle, scharf gezeichnete Täter- und Opferprofile, die sich scheinbar unversöhnlich gegenüberstehen, geht es in diesen Debatten. Weisse, vor allem weisse Männer sollten sich endlich ihrer Jahrhunderte alten Privilegien bewusst werden und «woke» sein. Sie sollen ihre «Schuldigkeit» anerkennen und eingestehen und endlich Platz machen für andere. Auf öffentlichen Podien und in Talkshows, in universitären Diskussionen und Auswahlverfahren ist plötzlich weniger die Argumentation und inhaltliche Positionierung relevant, als vielmehr das Geschlecht, die Hautfarbe oder die Religionszugehörigkeit. Wer sprechen darf, was ausgesprochen werden darf und was nicht, und wie tunlichst gesprochen werden soll, unterliegt inzwischen ganz neuen sozialen Regeln, die niemals offiziell ausgerufen oder demokratisch legitimiert wurden.

Dieses neue Regime, das sich in alle gesellschaftlichen Felder ausbreitet, erzeugt inzwischen einen Konformitätsdruck, der in den letzten Jahren immens gestiegen ist. Das kann man innerhalb der Volksparteien, in der öffentlichen Verwaltung und Unternehmen ebenso beobachten wie besonders ausgeprägt im Kultur- und Wissenschaftsbetrieb. Die Bezeichnung «umstritten» hat längst ihre ursprüngliche Bedeutung verloren, nämlich ein Streit um einen Inhalt, der von verschiedenen Positionen aus argumentativ geführt wird. Erst recht die so bezeichnete Person hat eigentlich vor dem Streit schon verloren und soll geächtet werden. Der Schriftsteller und Jurist Bernhard Schlink hatte schon vor zwei Jahren die «Engführung des Mainstream» beklagt. Der Raum für freie, mutige Rede, unkonventionelle Sichtweisen und die tatsächliche Pluralität der Standpunkte ist inzwischen noch enger geworden.

Heikle Themen, heikler Sprachgebrauch

Die Studien des John Stuart Mill Instituts hatten bereits gezeigt, dass seit einigen Jahren die veröffentlichte Meinung in den führenden Printmedien und in den öffentlich-rechtlichen Sendeanstalten auf der einen Seite und die Meinung der Bevölkerung andererseits immer stärker auseinanderdriften. Der sogenannte Mainstream in den Medien repräsentiert immer weniger die Mehrheitsmeinung der Bevölkerung und das Unbehagen darüber in der Bevölkerung wächst.

Das Institut für Demoskopie Allensbach untersucht regelmässig und seit vielen Jahren, wie es um die freie Meinungsäusserung in Deutschland bestellt ist. Die Forscher stellen die Frage: «Haben Sie das Gefühl, dass man heute in Deutschland seine politische Meinung frei sagen kann?» 1953 antworteten 58 Prozent, man könne seine Meinung frei sagen. 25 Prozent äusserten, es sei besser, vorsichtig zu sein. 1971 waren 83 Prozent der Meinung, man könne seine Meinung frei sagen, 12 Prozent rieten zur Vorsicht. 1991 Prozent waren 78 Prozent der Meinung, sie könnten ihre Meinung frei sagen, 16 Prozent waren nicht dieser Meinung. 2011 sank die Zahl der Fürsprecher bereits auf 66 Prozent. 2021 waren nur noch 45 Prozent der Bevölkerung der Meinung, man könne sich frei äussern und 44 Prozent waren der Meinung, es sei besser, vorsichtig zu sein.

Das ist ein alarmierendes Zeichen: die politische Meinungsfreiheit ist in Deutschland in den letzten Jahren immer mehr unter Druck geraten. Zudem hat der Grad, wie heikel sogenannte «heikle Themen» sind, «mit denen man sich den Mund verbrennen könnte», gravierend zugenommen. Auch zum Thema der gendergerechten Sprache hatte das Allensbacher Institut erstaunliches herausgefunden. Die Meinung und Sprache der Bevölkerung unterscheidet sich deutlich von der veröffentlichten Meinung. In den Leitmedien und den öffentlich-rechtlichen Rundfunkanstalten, an den Universitäten und in den Verlautbarungen der Verwaltung wird schon länger gendergerecht gesprochen und auf die Vorbildrolle gepocht.

Die Allensbacher Forscher wollten in ihrer repräsentativen Erhebung wissen: «Wenn jemand sagt: Man sollte in persönlichen Gesprächen immer darauf achten, dass man mit seinen Äusserungen niemanden diskriminiert oder beleidigt. Daher sollte man z.B. neben der männlichen auch die weibliche Form benutzen. Sehen Sie das auch so, oder finden sie das übertrieben?» 19 Prozent der Befragten sahen das auch so. 71 Prozent hingegen antworteten, ein solches Verhalten sei übertrieben. Interessanterweise teilten diese Einschätzung auch 65 Prozent der Frauen. Jetzt könnte man meinen, dass die jüngere Generation dies ganz anders sieht. Doch auch die Befragten unter 30 waren zu 65 Prozent der Ansicht, der gendergerechte Sprachgebrauch sei übertrieben. Selbst bei den Grünen-Anhängern sprachen sich 65 Prozent dagegen aus. Obwohl doch gerade diese Partei mit grösstem Einsatz für die gendergerechte Sprache unterwegs ist.[1]

Aus dem Ruder gelaufener Protest

Was passiert hier eigentlich? Was sind die Triebfedern, wenn plötzlich Bilder in öffentlichen Museen entfernt werden, weil sich eine gesellschaftliche Gruppe beleidigt fühlen könnte? Bücher umgeschrieben werden, Hochschulfassaden von missliebigen Gedichten gesäubert werden? Denkmäler gestürzt werden? Es sind Eingriffe zugunsten eines vermeintlich gerechten, politisch korrekten Regimes, dass es jeder Ethnie, jedem Geschlecht und jeder Religion recht machen will. Der Wunsch nach Eindeutigkeit und Einheitlichkeit, nach Reinheit und Reinigung hat sich in unterschiedlichen gesellschaftlichen Feldern ausgebreitet.

---

[1] Siehe Petersen, Thomas, «Die Mehrheit fühlt sich gegängelt», in: Frankfurter Allgemeine Zeitung, 16.6.2021

Wir haben alle die Bilder in Erinnerung, wie im Zuge der weltweiten Bewegung «Black lives matter» lautstark gegen Rassismus, Kapitalismus und Kolonialschuld demonstriert und Denkmäler gestürzt wurden. Es gibt Rassismus und Diskriminierung von Minderheiten. Und wir müssen uns mit den Verbrechen des Kolonialismus auseinandersetzen. Und es ist gut, wenn Bürger dies benennen und gegen Ungerechtigkeit und Fremdenfeindlichkeit protestieren. Doch dieser antirassistische Furor, den wir seit geraumer Zeit beobachten und die «Cancel Culture» erinnern in ihrer Rigidität an den Tugendterror der Jakobiner in der Französischen Revolution, die mit allem Alten brechen und das Vergangene radikal ausmerzen wollten.

Bereits seit einigen Jahren tobt dieser Kulturkampf, der immer aberwitzigere Züge annimmt. Doch der Protest ist längst aus dem Ruder gelaufen und erhebt besonders im akademischen und kulturellen Feld Forderungen, die am Fundament und Selbstverständnis unserer freiheitlichen Ordnung rütteln. Sie knüpfen an ideologische Prämissen an, die schon länger die Selbstzweifel an der Erfolgsgeschichte unserer Zivilisation schürten und teils in einen westlichen Selbsthass mündeten. Er ist nicht nur rechten und linken Rändern eigen, sondern zunehmend in Universitäten, Redaktionsstuben und Kulturinstitutionen beheimatet.

Die Identitätspolitik von rechts und die extremistisch militanten Umtriebe der «Identitären Bewegung» in ganz Europa werden schon länger als Bedrohung unserer Freiheit wahrgenommen. Sie favorisieren einen Kollektivismus, der sein Heil in der ethnischen Homogenität der Volksgemeinschaft sieht. Und auch der Gefahr, die vom identitären politischen Islam ausgeht, sieht man inzwischen genauer ins Auge, nach den zahllosen Anschlägen und nachdem etwa Samuel Paty, ein Lehrer, auf offener Strasse in Frankreich enthauptet wurde.

Doch seit einigen Jahren hat sich auch eine Identitätspolitik von links an den Hochschulen fest etabliert und in der Folge massgeblichen Einfluss im gesellschaftlichen Mainstream gefunden. Sie stellt mit ihrem Kollektivismus ebenso wie die Identitätspolitik der Rechten und der identitäre Islam die universalistischen Prinzipien der Aufklärung in Frage und ist im Kern antiliberal.

Die neue Opfermentalität

Es begann im Zuge der Neuen Sozialen Bewegungen seit den 1970er Jahren durchaus emanzipatorisch. Völlig zurecht schlossen sich Frauen und soziale Minderheiten zusammen, um für ihre Rechte einzutreten. Sie machten auf historische und aktuell bestehende Diskriminierungen aufmerksam und begehrten gegen Sexismus und Rassismus auf. Doch Zug um Zug breitete sich mit dem Lob der kulturellen Vielfalt und Differenz ein ideologisch gewordener Multikulturalismus aus, der die freiheitlichen Errungenschaften der westlich-europäischen Zivilisation zunehmend relativierte.

Immer neue soziale Gruppen, die sich als Opfer von Ungerechtigkeit und gesellschaftlicher Benachteiligung verstanden, entwickelten ihre jeweils unterschiedlichen Opfernarrative und forderten besondere Rechte für sich. Eine regelrechte Opferkonkurrenz entstand: wer wurde und wird am schlechtesten von der Mehrheitsgesellschaft behandelt und darf am meisten verlangen? Ihr jeweiliger Bezugspunkt ist eine kollektive Identität, die abgeleitet wird aus realer oder vermeintlicher Benachteiligung, gemeinsamer Leiderfahrung, Unterdrückung oder Verfolgung, die teils Jahrhunderte zurückliegen:

Frauen, sexuelle Minderheiten, die LGBT-Community, Migranten, ethnische und religiöse Minderheiten.

Es geht dabei um Wiedergutmachung und Kompensation erfahrenen Leids und um die Gewinnung sozialer und kultureller Wertschätzung. Verlangt wird die Gleichbehandlung und die Einführung von Quoten. Entstanden ist daraus über die Jahrzehnte eine ausgeprägte Identitätspolitik, die ausdrücklich kollektive religiöse, kulturelle, sexuelle und ethnische Zugehörigkeiten ins Zentrum stellt. Nicht für Individuen werden Rechte eingefordert, sondern für die jeweiligen Opferkollektive, die alle als partikulare Einheiten gleichrangig behandelt werden wollen. Immer mehr Sonderrechte werden inzwischen beansprucht, um die bisherige gesellschaftliche und historische Benachteiligung zu kompensieren.

Aus den ehemals emanzipatorischen Bestrebungen sind identitäre Communties entstanden, die ihre Anliegen ideologisiert haben und einen lautstarken moralisierenden Feldzug gegen die sogenannte Mehrheitsgesellschaft führen. Sie treiben damit Polarisierungen voran, die den Zusammenhalt der Gesellschaft, der seit Jahren bröckelt, weiter schwächen. Wenn ständig zudem vornehmlich in Täter- und Opferkategorien gedacht wird, geht das oft an der Realität vorbei und verhindert sachliche Auseinandersetzungen.

Inzwischen gerät neben der Meinungsfreiheit auch die Wissenschaftsfreiheit immer stärker unter Druck. Rede-, Denk- und Diskussionsverbote werden propagiert oder Trigger-Alarm ausgegeben, weil Studierende durch sogenannte Mikro-Aggressionen aufgrund schwer verdaulicher Lehrinhalte und harter Fakten vermeintlich traumatisiert werden könnten. Trigger bedeutet all das, was Menschen, die einer nicht dominanten Gruppe angehören, möglicherweise verstören könnte und kommt ursprünglich aus der Traumaforschung. Als potenziell verstörende Lektüre wurde z.b. an einer Universität in Grossbritannien die Arbeit mit Passagen aus der Bibel abgelehnt.

An der Frankfurter Johann Wolfgang Goethe Universität wurde 2017 der Vorsitzende der Deutschen Polizeigewerkschaft Rainer Wendt in einer Vortragsreihe zum Thema Migration und Integration wieder ausgeladen, weil Tumulte befürchtet wurden. Einer der Professoren, die den Protest organisiert und die Ausladung von Wendt verlangt hatten, führte unter grossem Beifall in einer öffentlichen Diskussion an der Universität über Meinungsfreiheit an, er sehe sich und vor allem die Studierenden ausserstande und überfordert, mit einem «Rassisten» zu debattieren. Aber ist nicht die Universität gerade der Ort, wo Studierende das Argumentieren und Debattieren mit anders Denkenden lernen müssen als zukünftige gesellschaftliche Leistungsträger?

Einen ähnlichen Furor löste 2019 die Konferenz «Das islamische Kopftuch – Symbol der Würde oder Unterdrückung?» aus. Eine Studentengruppe versuchte vorab mit Beschimpfungen und Drohungen in sozialen Netzwerken, die Konferenz zu verhindern und verlangte die Absetzung der Professorin, die die Konferenz auf den Weg gebracht hatte.

Auch in Grossbritannien und Frankreich hat sich – wie schon lange in den USA – der Antikolonialismus an den Universitäten fest etabliert. Die akademische Linke wird immer stärker. In London forderten Studierende an der School of Oriental and African Studies eine radikale Dekolonisierung des Lehrplans in Philosophie. Denn jeder Lehrplan, der europäischen Denktraditionen eine grössere Bedeutung beimesse als der Überlieferung anderer Kulturen sei rassistisch. In ihren Augen spiegele er nur den Wertehorizont des europäischen Imperialismus des 19. Jahrhunderts wider. Es ist für die Studenten eindeutig, wer die Täter sind: die alten weissen, heterosexuellen Männer, die Europäer und letztlich die Westler überhaupt.

Inzwischen können wir im akademischen Feld eine beunruhigende Politisierung vor allem der Sozial- und Geisteswissenschaften beobachten. Wer sich nicht an den neuen Kanon hält oder ihm widerspricht, wird schnell des Rassismus und Sexismus geziehen. Rigide wird die Deutungsmacht durchgesetzt. In militanter Manier, begleitet von «Shitstorms» aus der Anonymität des Internets heraus, gehen Studierende immer häufiger gegen unliebsame Professoren vor. Auch an den französischen Universitäten findet ein regelrechter Kulturkampf um die politische Hegemonie statt. Der sogenannte Dekolonialismus, hervorgegangen aus den «Postcolonial Studies», setzt sich neben den «Gender Studies» allenthalben in Europa durch.

Die Kollektive verdrängen das Individuum

Diese linke Identitätspolitik ist die Spätfolge eines philosophisch und soziologisch propagierten Multikulturalismus und Kommunitarismus, wie ihn die Sozialphilosophen Charles Taylor und Michael Walzer vertraten. Vor allen Dingen Denkbausteine des französischen Poststrukturalismus und Dekonstruktivismus, wie etwa Michel Foucaults Machtkritik haben Eingang gefunden in die neuen Kritischen Theorien sozialer Gerechtigkeit aus den USA, die nach Europa zurückwandern: die gesamte «Woke Culture», «Critical Race Theory» oder «Critical Whiteness Theory». Es geht darin vor allem um Macht, Diskursmacht und Sprache, um die krude Aufteilung der

Gesellschaft in Opfer und Täter, Unterdrückte und Mächtige, Privilegierte und Nichtpriviliegierte.

Die praktische Umsetzung dieses Ansatzes an den amerikanisch-kanadischen und später auch europäischen Hochschulen war die «Affirmative Action». Sie wollte proaktiv benachteiligte Minderheiten fördern: zuerst wurde ihre Selbstorganisation unterstützt und dann etablierte sich zunehmend eine Forschung über kollektive Identitäten, die sich aus Geschlecht, Ethnie oder Religion ableiten.

Inzwischen ist diese Politik weitgehend durchgesetzt. Im Zentrum steht das Kollektiv, seine leidvolle Geschichte der Unterdrückung und seine vorgebliche kulturelle Essenz – auch kultureller Essentialismus genannt. Es läuft der Wertschätzung des Individuums, jenseits von Geschlecht, Ethnie oder Religion, sukzessive den Rang ab – ein Paradigmenwechsel, der es in sich hat und weit über den Diversitäts- und Opferdiskurs an den Hochschulen hinausreicht. Er hat längst Eingang in die Gesellschaft und Politik gefunden und produziert eine gesellschaftliche Dynamik, die spaltet und polarisiert.

Neben der Moralisierung, die die Identitätspolitik betreibt, ist mindestens ebenso problematisch ihr Essentialismus. Dabei wird einer Kultur, einer Ethnie, einem Geschlecht oder einer Religion ein besonderer wesenhafter Kern zugeschrieben, der die Identität der Gruppe ausmache und deshalb zu schützen sei. Damit unterscheidet sich die eigene Gruppe von anderen Menschen und setzt sich von der sogenannten Mehrheitsgesellschaft ab. Sie will rein und unvermischt bleiben. Dieses Besondere, zum Beispiel die Hautfarbe, dürfe nun keineswegs von anderen Personen oder Kulturen angeeignet werden. Verwerflich ist dann etwa, wenn in der Onlinekommunikation schwarze Emojis von Weissen verwendet werden. Scharf kritisiert wird deshalb auch, wenn eine weisse Schauspielerin auf der Bühne die Rolle einer Schwarzen übernimmt. Begründung: dies sei das historisch bekannte Blackfacing und deshalb rassistisch.

Der Rassismus-Vorwurf ist inzwischen inflationär im Gebrauch. In einer Hamburger Kindertagesstätte werden in der Karnevalszeit bei Kindern die beliebten Indianerkostüme geächtet. Begründung: Rassismus und Beleidigung der Ersteinwohner der USA, zudem die verwerfliche kulturelle Aneignung.

Wenn Geschlecht und ethnische Herkunft als essentielle Wesensmerkmale dienen, die die jeweilige Identität ausmachen, ist diese Identitätspolitik aber selbst rassistisch und biologistisch. Sie stellt die universalistische Perspektive, die auf die Freiheit und die Rechte des Individuums gerichtet ist, massiv in Frage: nämlich die Errungenschaft, dass alle Menschen vor dem Gesetz gleich sind, gerade unabhängig von Rasse, Geschlecht und Religion. Nicht zuletzt die Diktaturerfahrungen im letzten Jahrhundert haben dazu geführt, dass in der Erklärung der Menschenrechte ausdrücklich die individuellen Grundrechte verfasst sind und nicht Kollektivrechte.

Rückfall in den Tribalismus

Zuweilen hat man den Eindruck, wir würden auf eine frühere Stufe unserer Entwicklung regredieren, weg vom Ideal des autonomen, selbstbestimmten, aufgeklärten Individuums und wachen Staatsbürgers hin zum Stammesdenken und der Hordenbildung, ein besorgniserregender Rückfall in den Tribalismus. Der Aufklärung ging es um die Selbstermächtigung des Individuums, seine Emanzipation aus kollektiven Zwängen. Stattdessen werden Sozial- und Ideengeschichte revidiert und Opferkollektive sedimentiert, die die Errungenschaften der westlichen Zivilisationsgeschichte radikal in Frage stellen.

Heute geht es einer sehr erfolgreich auftretenden aktivistischen Minderheit an den Universitäten und in der Gesellschaft weniger um die Freiheit und Menschenrechte aller in einem Gemeinwesen. Im Zentrum ihrer Forderungen stehen statt dessen die je subjektiven Diskriminierungserfahrungen und die daraus abgeleiteten Gruppenrechte, mit dem Ziel, Diskursmacht und gesellschaftliche Macht zu erlangen und die «Mächtigen» der sogenannten Tätergesellschaft zu entmachten.

Die weltweiten Proteste der Anti-Rassismus- und der «Black-lives-matter»-Bewegung seit 2019 haben zu einem immensen Politisierungsschub in den Sozial- und Kulturwissenschaften geführt, der die statthabenden Paradigmenwechsel vorantreibt. Nicht nur Denkmäler werden gestürzt, sondern Curricula umgeschrieben, Ideengeschichte gesäubert und neue normative Ordnungen durchgesetzt. Neben den Gender-Studien, die das Patriarchat und die Heteronormativität anprangern, ist die Intersektionalität auf dem Vormarsch, die die Überschneidung und Gleichzeitigkeit von verschiedenen Diskriminierungskategorien thematisiert. Die Postkolonialen Studien gibt es inzwischen an fast jeder Universität. Sie unterstellen einen tiefsitzenden, unabänderlichen strukturellen Rassismus und Weisssein als ein Privileg, das mit historischer Schuld beladen ist.

Dieser Kollektivschuld könnten Weisse nicht entrinnen. Ihre Hauptsünden seien der Kolonialismus, der Kapitalismus und das Patriarchat. Deshalb breitet sich die «Cancel Culture» und «Woke Culture» aus, die gepredigt wird von den «Erwachten», die in fast religiöser Manier von den vermeintlichen Tätern Busse und Läuterung verlangen. Erschreckend ist zudem die Rigidität und Wut, die den Wunsch nach Reinigung begleiten: Sprache, Geschichte, Bücher, Plätze, Erinnerung sollen von allem Bösen gesäubert werden. Das ursprüngliche Ansinnen ist inzwischen totalitär geworden.

Gesinnung verdrängt wissenschaftliche Qualität

Die Praxis der «Woke Culture» hat weitreichende Folgen. Sie ist inzwischen ein wichtiges Kriterium bei Gesinnungstests in Berufungsverfahren an kalifornischen Unis: DEI Statement for Diversity, Equity, Inclusion. Doch auch viele deutsche Institutionen im Wissenschaftsbetrieb, aber auch Stiftungen, Behörden und Unternehmen greifen bei uns diese Praxis auf. Ein strategisch wichtiges Instrument sind die Gleichstellungsstellen und die Posten der Diversity Manager.

Inzwischen steht schon der Aufklärer Immanuel Kant wegen Rassismus am Pranger, weil er in seinen Frühschriften wie andere seiner Zeitgenossen die weisse «Race» als vollkommenste der Menschheit ansah. Eine «Kritik der weissen Vernunft» wird deshalb angemahnt. Doch dem späteren Kant verdanken wir gerade die wegweisende Definition von Mündigkeit und die Entfaltung dessen, was die Würde des einzelnen Menschen ausmacht.

Der Respekt vor Vernunft und überzeugenden Argumenten, vor Fakten basiertem Wissen, Forschen und Berichten schwindet rapide. Dahingegen wird die Komplexität der Welt auf einfache Muster heruntergebrochen, Ambivalenzen ausgeblendet. Der antiplurale Wunsch nach Eindeutigkeit erstickt viele Debatten. An den Hochschulen geraten Meinungs- und Wissenschaftsfreiheit als substanzielle Errungenschaften der Aufklärung und Kernelemente der liberalen Demokratie immer mehr unter Druck. Das ergebnisoffene Streben nach Erkenntnis mittels der Kraft des Arguments, trotz unterschiedlicher Prämissen, werden auch im akademischen Betrieb immer schwieriger. Hier wie auch im gesellschaftlichen Diskurs wird eine sachlich-fachgerechte Auseinandersetzung zunehmend von Moralisierung und Empörung überlagert.[2]

Neben den Sorgen über die Einschränkung der Wissenschaftsfreiheit hat sich in den letzten Jahren eine Debatte über die Meinungsfreiheit an den Universitäten entfacht. Es gab einige spektakuläre Streitfälle von Ein- und Ausladungen politisch exponierter Referenten zu Vorträgen an Hochschulen. Es kommen immer neue Fälle von Auftrittsverboten und Behinderungen von Vorlesungen und Seminaren hinzu. Die freie Debatte, ohne Vorurteile, Moralisierung und Ideologisierung, ergebnisoffen und neugierig ist seltener geworden. Nicht das Argument, sondern die Herkunft, d.h. Hautfarbe, Geschlecht, Religion zählt und die jeweilige Betroffenheit und Leiderfahrung des Sprechenden. Die Diskurspolizei ist auf dem Campus unterwegs, schüchtert Studierende wie Lehrende und Forschende ein. Konformismus und Opportunismus bestimmen das Klima zugunsten der neuen Deutungsmacht. Um diesen Entwicklungen zu begegnen, hat sich Anfang 2021 in Deutschland ein «Netzwerk Wissenschaftsfreiheit» gegründet, dem inzwischen über 600 Professoren angehören.

---

[2] Bernhard Kempen, Präsident des Deutschen Hochschulverbands, warnte wiederholt vor Denk- und Sprechverboten: «So fühlen sich einige Studenten schon verletzt, wenn an einer Universität ein Professor oder eine öffentliche Person mit Thesen auftritt, die der eigenen Auffassung zuwiderlaufen. Fakten und Lehrmeinungen zu diskreditieren, weil sie nicht den eigenen Überzeugungen entsprechen, rührt daher aber an der Substanz der Institution Universität.» Kempen, Bernhard, in: Die Freiheit der Wissenschaft und ihre ‹Feinde›, hrsg. von Wilhelm Hopf, Berlin 2019

Wir müssen uns ernsthafte Sorgen um die Freiheit der Meinung in der gesellschaftlichen Debatte, die Verengung des Mainstreams, aber auch um die Freiheit der Wissenschaft an den Universitäten machen. Wenn sich zunehmend dort Denk- und Redeverbote breitmachen, ein Klima der Einschüchterung und des Konformismus entsteht, hat dies weitreichende Folgen, das ist die neue Schweigespirale. Studienabgänger, dergestalt ausgebildet und intellektuell sozialisiert, sind die zukünftigen Leistungsträger in unserer Gesellschaft und verbreiten diese Ideen. Die von der Bevölkerung mehrheitlich abgelehnte Genderisierung der Sprache legt darüber anschauliches Zeugnis ab.

Es ist also allerhöchste Zeit, die Prinzipien der Aufklärung im Bildungsauftrag wieder ernst zu nehmen, an der Schule ebenso wie an der Universität: Eine Rückbesinnung auf die Humboldtschen Bildungsideale, nämlich Bildung zur Persönlichkeit, die Befähigung zu eigenständiger Urteilskraft, zu Kritik und Selbstkritik. All dies will gelernt sein, vor allem die Fähigkeit, Konflikte und Ambivalenzen auszuhalten. Und all dies kann nur in freier Debatte, ohne Tabus und Denkverbote, erworben werden. Nur in der Pluralität der Meinungen, die im zivilisierten Streit aufeinandertreffen, sind festgefügte Gesinnungslager aufzubrechen, kommt der Wettbewerb der Ideen wieder in Gang. Nur so wird es uns gelingen, Polarisierungen aufzulösen und ernsthaft den gesellschaftlichen Zusammenhalt zu suchen.

Deshalb ist mutiger Bürgersinn gefragt, auch der Mut zu Widerspruch, wenn es unbequem ist. Kollektivismus und Konformismus bedrohen unsere, seit der Aufklärung, mühsam errungenen Freiheiten. Am stärksten werden sie im Moment angegriffen vom Furor des identitären Fundamentalismus, der von Rechten, Linken und

Islamisten gleichermassen bedient wird. Umso wichtiger ist die Verteidigung unserer Freiheitstraditionen aus der politischen Mitte heraus.

Das Zusammenspiel von politischer, wirtschaftlicher und individueller Freiheit hat uns Demokratie und Wohlstand gebracht. Um beides zu erhalten, brauchen wir lebendige Debatten ohne Denkverbote und Moralisierung und wieder eine Erweiterung des Mainstreams, der die Pluralität der Meinungen und Interessen umfassender abbildet als bisher. Nur so wird es uns gelingen, über Fehler der Vergangenheit und neue Ideen klug zu streiten, um zu den besten Lösungen zu gelangen. Selbstgewissheit wäre fehl am Platz. Aber ein wacheres Bewusstsein über die Fragilität unserer Freiheiten täte uns gut und würde uns etwas krisenfester machen.

Also ist es höchste Zeit, Debattenräume wieder zu öffnen, Konflikte und Streit zuzulassen, um dem alten und neuen identitären Kollektivismus der Rechten, der Linken, der Islamisten und anderer religiöser Eiferer entgegenzutreten. Das ist die Lehre aus den Totalitarismen des letzten Jahrhunderts und öffnet den Blick für die Gefahren der neuen, die im religiösen oder autoritativen Gewand daherkommen.

Einige Krisen überlappen sich bei uns. Doch die grosse Krise hat erst begonnen mit dem Krieg in Europa, den Russland gegen die Ukraine führt. Soll dieser Krieg wenigstens dazu dienen, ein breiteres Bewusstsein für die über Jahrhunderte hart erkämpften westlichen Freiheiten und ihre Zerbrechlichkeit bei den Bürgern in Europa zu schaffen. Denn wir haben sehr viel zu verlieren. Deshalb brauchen wir dringend einen neuen, antitotalitären Konsens, um unsere Freiheiten robust verteidigen und den gewaltigen Herausforderungen begegnen zu können.

Gefährliche Ideen statt «Safe Spaces»: Warum Universitäten Orte der Freiheit sein müssen

Thilo Spahl

Die Universität sollte der letzte Ort sein, an dem man vorsichtig sein muss, was man sagt. Leider ist das Gegenteil der Fall. Universitäten sind Vorreiter, wenn es darum geht, Meinungsvielfalt zu verringern, Konformität zu erzeugen und Meinungsfreiheit einzuschränken. Warum ist dem so? Die Ursachen sind sicher vielfältig. Eine wichtige Rolle scheint mir zu spielen, dass die eigentliche Aufgabe, junge Menschen zu eigenständigem wissenschaftlichem Arbeiten zu befähigen, mittlerweile in den Hintergrund geraten ist.

Die Moral-Eliten

Die gesellschaftliche Funktion der Hochschulen ist neben der Bildung die Reproduktion einer bestimmten gesellschaftlichen Gruppe, nämlich der akademisch gebildeten Mittelschicht, die sowohl in der Wirtschaft (als «Professional Managerial Class» – PMC) als auch allgemein in der Gesellschaft eine dominante Rolle spielt.

Der Anteil der Abiturienten, der in Deutschland ein Studium beginnt, liegt laut Statista inzwischen bei rund 56 Prozent. Im Jahr 2000 waren es noch 33 Prozent. Nur ein kleiner Teil der Absolventen arbeitet hinterher wissenschaftlich. Ein Grossteil übernimmt Fach- und Führungsaufgaben in Wirtschaft, Politik und Gesellschaft. Die Hochschulen bringen also die Funktionseliten hervor, und ein grosser Teil derselben geht in die in den letzten Jahrzehnten stark angewachsenen Bereiche

Medien, Kultur, Kreativwirtschaft, Öffentlichkeitsarbeit,
Bildung und Erziehung, Sozialarbeit, Marketing, Wer-
bung, Verwaltung, Politik, Gesundheitswesen, Lifestyle,
Lobbyismus und Aktivismus. Dort umfasst ihre Tätigkeit
zumindest teilweise das «Social Engineering», also das
Bemühen, die Gesellschaft zu «verbessern», indem Denken und Verhalten der Menschen beeinflusst werden. Wir
können diese Akademikerklasse auch als die technokratische Klasse bezeichnen.

Wenn es darum geht, eine Karriere im Bereich der
«Verbesserung der Gesellschaft» zu machen, ist man anfällig für progressivistische Sichtweisen. Sich für «die
gute Sache» einzusetzen hilft zum einen dabei, ein positives Selbstbild zu entwickeln, also seinem Job oder seinem
Leben einen Sinn zu geben, der über das ordentliche Er-
ledigen der Aufgaben hinausgeht. Zum anderen lassen
sich auch Distinktionsgewinne erwirtschaften. Catherine
Liu charakterisiert in ihrem Buch *Virtue Hoarders: The
Case against the Professional Managerial Class* die PMC
als linksliberale Angestellte, die von einem Überlegen-
heitskomplex gegenüber den einfachen Mitgliedern der
Arbeiterklasse befallen sind. Der Autor Nico Hoppe fasst
es so zusammen:

*«Die dieser Mittelklasse Zugehörigen arbeiten als
Lehrer, Sozialarbeiter, Künstler, Journalisten, Professoren, Manager. Sie sind materiell gut abgesi-
chert, vernetzt, flexibel und engagiert. Ihre vermeintliche Tugend ist ihr grösster Stolz, weswe-
gen von Bildung und Erziehung über Gesundheit
und Ernährung bis zu Fragen der Sexualität und
Identität kaum eine Domäne existiert, die sie nicht*

zum Revier ihrer moralischen Hoheit umfunktionieren.»[1]

Der amerikanische Autor Sean Collins betont den prägenden Charakter der PMC in der heutigen Gesellschaft:

> *«Es gibt heute keine Klassen im herkömmlichen Sinne mehr – es gibt weder eine etablierte herrschende Kapitalistenklasse, noch eine gut organisierte, selbstbewusste Arbeiterklasse. Das Fehlen dieser beiden grundlegenden Klassen hat automatisch dazu geführt, dass wir in einer Welt leben, die die Vorurteile der gehobenen Mittelklasse widerspiegelt.»*[2]

Teile der akademischen Klasse übernehmen daher (haupt-, bzw. meist nebenberuflich und bevorzugt in den sozialen Medien) die Aufgabe der Hege und Pflege des «Current Thing». Dazu rechnen wir alles, was ideologisch gerade angesagt ist: #MeToo, Black Lives Matter, Klimaschutz, Multikulti, Diversity, LGBTQ+, Refugees Welcome, Save the Planet, Follow the Science, Net Zero, Nachhaltigkeit, Zero Covid, noAfD, Gendersprache, Kampf gegen Rechts, Europäische Identität, Postnationalismus, usw. Der Begriff «Current Thing» wurde vor allem durch den Investor Marc Andreessen geprägt und ist nicht klar definiert. Er ist verwandt mit den Begriffen «Zeitgeist» und «Mainstream», betont aber etwas mehr das Schlagwortartige, mit dem das jeweils neueste Stück moralisch aufgeladenen Zeitgeists benannt wird, und das sich oft als Hashtag auf Twitter oder Symbol in der Twitter-Bio findet.

---

[1] Nico Hoppe: «Tugendhaft gegen den Pöbel», Novo online, 01.11.2021.
[2] Sean Collins: «Herrschaft des säkularen Klerus», Novo online, 27.02.2015.

«Virtue Signalling»

Diese heute von der akademischen Klasse verwendeten ideologischen Distinktionsmerkmale haben gegenüber klassischen, wie sie bei Bourdieu in *Die feinen Unterschiede* (1979) beschrieben werden (gehobener Geschmack, Vorlieben, Umgangsformen), einen politischen/moralischen Gehalt. Primär äussert sich dieser im sogenannten «Virtue Signalling», also dem Vorzeigen der eigenen Tugendhaftigkeit bzw. der richtigen Überzeugungen. Dies umfasst zum einen die private Vorbildlichkeit nach den Kriterien des «Lifestyle of Health and Sustainability» (LOHAS) und zum anderen die «Political Correctness», etwa durch das Umbenennen von Exponaten in Museen, das Umschreiben von Büchern, das Eintreten für Diversität, das Einfärben von allem Möglichen in Regenbogenfarben oder indem man sich der sogenannten gendergerechten Sprache befleissigt.

Das «Virtue Signalling» ist zunächst selbstbezogen, es hat aber auch immer das Element der Abgrenzung. Man unterscheidet sich aktiv von jenen, die nicht wie man selbst durch eine akademische Sozialisierung das Gespür für die richtigen Haltungen erworben und die «Dos» und «Don'ts» der «Political Correctness» nicht verinnerlicht haben. Mit dieser Unterscheidung erwirtschaftet man Distinktionsgewinne, man erwirbt sich Ansehen (unter seinesgleichen).

Immer häufiger wird diese ideologische Aufgabe mit der beruflichen verbunden. Denn das Haltung-Zeigen ist inzwischen fester Bestandteil der Öffentlichkeitsarbeit von Unternehmen und öffentlichen Einrichtungen, einschliesslich der Hochschulen. Wichtige Arbeitgeber der PMC sind heute auch Parteien, Stiftungen und NGOs, die sich als Kampagnenorganisation, mit oft erheblicher staatlicher Finanzierung, teilweise ganz der Pflege des «Current Thing» widmen.

Kommt zum «Virtue Signalling» ein Sendungsbewusstsein hinzu, entsteht ein technokratischer Herrschaftsanspruch. Dieser umfasst einen Erziehungsauftrag. Man nimmt es auf sich, dem einfachen Volk die richtige Sicht der Dinge und insbesondere auch korrektes Verhalten beizubringen («the woke person's burden»). Und er umfasst einen Säuberungsauftrag, der sich als «Cancel Culture» manifestiert, also der Diffamierung, Denunzierung, Bestrafung, Einschüchterung oder Zensur von Menschen, die absichtlich oder unabsichtlich, gegen die Ge- und Verbote der «Political Correctness» verstossen. Dies sind vornehmlich Menschen aus der eigenen Klasse, der PMC, also Renitente oder Abtrünnige, die sich für das «Current Thing» nicht interessieren oder sich skeptisch äussern.

Da an den Hochschulen die PMC in ihrer reinsten Form konzentriert ist und sich dort reproduziert, sind die Hochschulen auch der Ort, wo der Druck am grössten ist. Sie sind eine wichtige Lehr- und Lernumgebung für «Virtue Signalling». Hier übt man an Kommilitonen und am Personal, was man später auch im Berufsleben, bei politischen Ambitionen oder im sogenannten «bürgerschaftlichen Engagement» anwenden kann: die stets richtige Haltung. So ist eine Kultur der Angst und des Konformismus entstanden, wo eine Kultur der Freiheit, der Originalität und des Ideenwettbewerbs herrschen sollte.

Die Universitäten sind der Nährboden für «Political Correctness» und Identitätspolitik, (um einen weiteren Begriff einzuführen). Sie bieten ein Milieu, in dem die entsprechenden Ideen mehrheitsfähig sind. Allerdings ist es auch hier, wie später im richtigen Leben, eine Minderheit, die aktive Bekenntnisse formuliert, Verhaltensregeln daraus ableitet und regelkonformes Verhalten einfordert. Die Mehrheit toleriert diese technokratische Anmassung und spielt das Spiel mit, findet das «Engagement» für die «gute Sache» meist grundsätzlich in Ordnung. Nur eine kleine Minderheit widersetzt sich.

Die Identitätspolitik ist ein weit diskutiertes Phänomen. Ihr Kern ist die Zuordnung von Opferidentitäten und Schuldidentitäten nach bestimmten Kriterien und eine daraus abgeleitete Verhaltensregulierung. Minuspunkte gibt es für weiss, männlich, christlich, im Westen geboren und heterosexuell. Pluspunkte für alles, was davon abweicht. Es fügen sich aber zunehmend auch neue Themen ein. So kann im Grunde jeder, der von «rechts» kritisiert wird, Opferstatus beanspruchen.

Kult der Verletzlichkeit

Wie legitimiert man die Anmassung, anderen vorzuschreiben, wie sie ihr Leben leben sollen? Indem man moralisch argumentiert. Indem man darauf besteht, es diene dem Schutz von Verletzlichen, Benachteiligten, Unterprivilegierten.

Die Konzentration auf Verletzlichkeit und den Schutz von Gruppen mit Opferidentität hat allerdings so gut wie nichts mit dem Erkämpfen von realen Verbesserungen für tatsächlich unterprivilegierte (= arme) Menschen zu tun. Es ist Teil des Kulturkampfes, bei dem es in erster Linie um die Demonstration moralischer Überlegenheit geht. Diese moralische Überlegenheit wird auch benötigt, um die eigene Privilegierung als Mitglied der PMC zu kompensieren. Das gilt auch beim Klimaschutz, wo gerne davon geredet wird, die Armen der Welt hätten unter den Folgen des Klimawandels besonders zu leiden, was schlicht falsch ist, denn es ist unbestreitbar die

Armut, worunter die Armen leiden. Und diese Armut wird mitunter perpetuiert, indem man ihnen Zugang zu bezahlbarer Energie verweigert.

Die grossen Themen des «Current Thing» – Klimaschutz, Antirassismus, LGBTQIA+ und Pandemiepolitik – sind Kulturkampf, denn es werden uns Menschen als Gefährder präsentiert, aber nicht die Mächtigen, nicht die Vertreter der PMC, sondern die einfachen Leute, die nicht wissen, wie man richtig gendert, mit welchem Geld sie sich ein Elektroauto kaufen sollen, wie man richtig zuhause bleibt, wie man Migranten willkommen heisst, wie man Weltoffenheit durch die Beschäftigung einer ukrainischen Putzfrau demonstriert, wie man Plastikmüll vermeidet und wie man den CO_2-Ausstoss seiner Flugreise bequem mit ein paar Klicks und ein paar Euros beim Ablasshändler seiner Wahl kompensiert.

In der klassischen Identitätspolitik, wie wir sie an den Hochschulen beobachten, geht es vorwiegend nicht um reale Verletzungen oder Benachteiligungen, sondern um Gefühlsverletzungen. Und diese bestehen überwiegend in tatsächlich oder vorgeblich mangelnder Wertschätzung, die sich in als abwertend wahrgenommenem oder interpretierbarem Verhalten äussert, etwa wenn eine nicht-weisse Person auf ihre Herkunft angesprochen wird oder wenn bei einer Person, deren Erscheinungsbild die selbst gewählte Geschlechtsidentität nicht unmittelbar erkennen lässt, ein «falsches» Personalpronomen verwendet wird, also zum Beispiel auf eine «nicht binäre» Person mit dem Pronomen «er» oder «sie» Bezug genommen wird. Oder wenn ein Mann mit dunkler Haut als Schwarzer statt als «Person of Colour» bezeichnet wird, oder wenn ein Mann einer Frau etwas erklärt und man den Eindruck gewinnen kann, er halte sich für schlauer als sie (Mansplaining) usw.

Nun ist es so, dass es den meisten Leuten glücklicherweise nicht in den Sinn kommt, sich regelmässig als Opfer subtiler rassistischer, misogyner, transphober, islamophober oder sonstiger Herabwürdigungen zu fühlen, also letztlich kein Verlass darauf ist, dass die Leute aus den Opfergruppen auch wirklich die Opferrolle annehmen. Daher ist das identitätspolitische Regime der Verhaltensregulierung strikt präventiv ausgelegt. Es gilt das Vorsorgeprinzip: Zu unterlassen ist alles, was irgendwie bei irgendwem zu Unbehagen führen könnte. An den Hochschulen beginnt das inzwischen bekanntlich schon bei der Auswahl der Lektüre: Die University of the Highlands and Islands in Schottland hat kürzlich die Novelle *Der alte Mann und das Meer* von Ernest Hemingway mit einem Warnhinweis versehen. Der Klassiker von 1952, in dem ein kubanischer Fischer mit einem riesigen Speerfisch ringt, enthalte «explizite Darstellungen des Angelns» («graphic fishing scenes»), werden schutzbefohlene Studenten der Geschichte und Literatur aufgeklärt.

Andererseits schafft sich die Identitätspolitik aber auch eine reale Basis in Form von gesteigerter Verletzlichkeit von Menschen, die durch andere in ihrem Umfeld so sehr auf ihre Opferrolle festgelegt oder in ihr bestätigt werden, dass sie beginnen, sie zu leben. Inzwischen gibt es offenbar tatsächlich eine gewisse Anzahl von vorwiegend jungen Menschen, die es wahrhaftig nicht ertragen, im selben Raum mit Personen zu sein, denen sie eine falsche Gesinnung unterstellen. Diese Menschen täuschen Betroffenheit nicht vor, um andere zu terrorisieren, sie fühlen sich tatsächlich verletzt, wenn jemand zum Beispiel behauptet, es gäbe biologische Unterschiede zwischen Männern und Frauen, oder wenn jemand das Wort «Indianer» verwendet. Diese aussergewöhnliche Verletzlichkeit ist ein interessantes sozialpsychologisches Phänomen. Man sollte versuchen, den Betroffenen zu helfen. Aber man sollte ihre Hypervulnerabilität nicht zum Massstab für die (Campus-) Politik machen. Und wir sollten versuchen, die Jugend darauf vorzubereiten, in ihrem Leben mit Meinungsverschiedenheiten, Risiken, Widrigkeiten, Animositäten und auch Verletzung umzugehen. Auch das ist eine wichtige Aufgabe der Hochschulen.

Mit Klima und Corona hat der Kult der Verletzlichkeit eine neue Eskalationsstufe erreicht. Man hat sich von klar definierten Opferidentitäten gelöst. Opfer kann jetzt jeder sein. Für die PMC ergibt sich hier die Chance, sich in die Reihen der Gefährdeten einzureihen. Auch junge, weisse, heterosexuelle Menschen können klagen, ihre Zukunft sei durch die Klimakatastrophe bedroht und ihre Jugend durch die «Tyrannei der Ungeimpften». Und sie können bequem zur Rettung beitragen, indem sie als Innenstadtbewohner auf ein Auto verzichten und dank Lieferando und Zoom die Pandemie bekämpfen. Das Problem sind auch hier die normalen Leute, die nicht nur weiss und heterosexuell sind, sondern auch noch mit dem Auto (zur Arbeit) fahren und sich in ihren beengten Wohnverhältnissen gegenseitig mit der Seuche anstecken.

Diese beiden Themen zeigen auch, dass durch eine Politik der Angst noch besser mobilisiert werden kann als mit der Empörung, auf die die Identitätspolitik vor allem setzt. Der Weltuntergang erscheint den meisten als eine grössere Bedrohung als unsensible Sprache.

Konformismus, Zensur und Selbstzensur

Wo es Opfer gibt, muss es auch Täter geben. «Virtue Signalling» ist deshalb immer auch Kampf gegen die Täter. Es gilt die Devise: Prävention durch Abschreckung.

Wichtig für das Funktionieren des Systems ist, dass ausdrücklich nicht die Absicht des «Täters» zählt. Nach den Gesetzen der Identitätspolitik muss dem «Täter» nicht bewusst sein, dass er etwas Böses gesagt hat, und er muss es auch nicht in böser Absicht getan haben. Das Opfer geniesst das Privileg, selbst definieren zu dürfen, was es als moralisch verwerflichen Angriff empfindet. So wird ein Herrschaftsanspruch formuliert und oft erfolgreich eingelöst, indem man sich als Opfer präsentiert oder als Opferanwalt geriert. Der Opferstatus ist zu einer Quelle von Anerkennung, Autorität und Macht und damit fatalerweise attraktiv geworden.

Das «Virtue Signalling» und der Kult der Verletzlichkeit führen gemeinsam dazu, dass man permanent aufpassen muss, was man sagt. Das ultimative Opfer von Identitätspolitik, Pandemieschutz und Planetenrettung sind Meinungsfreiheit und Meinungsvielfalt. Beide erfahren innerhalb der PMC allgemein und insbesondere an den Einrichtungen der höheren Bildung kaum mehr Wertschätzung. Sie werden sogar regelrecht bekämpft. Als wichtige Begründung hierfür dient, es gelte Bedrohungen der Demokratie (und neuerdings der Volksgesundheit) in Gestalt von «Hassrede» und «Fake News» abzuwehren. Diese Haltung, die offensichtlich mit einer gewissen Demokratiemüdigkeit einhergeht, hat zuletzt erschreckende Ausmasse angenommen. Demonstrationsfreiheit wurde massiv eingeschränkt, die Zensur im Netz wurde massiv ausgeweitet, Beiträge in den sozialen Medien werden massenhaft gelöscht, Accounts werden in grosser Zahl gesperrt und sogar gelöscht.

Die Meinungsäusserung wird nicht als solche nach ihrem Inhalt im Kontext bewertet und gegebenenfalls kritisiert. Sie wird vielmehr als Beleg für die falsche Gesinnung und damit moralische Verdorbenheit und Gefährlichkeit genommen. Der «Beweis» ist häufig ein Diskursschnipsel, ein unerlaubtes Wort, ein Witz, ein aus dem Zusammenhang gerissenes Zitat. Oft ist dieses einem Post in den sozialen Medien entnommen und wird auch über dieselben Kanäle weiterverbreitet, womit ein sehr niedrigschwelliges Angebot besteht, sich durch «Likes», zustimmende Kommentare und Teilen an dem Angriff auf die Person zu beteiligen.

Dabei geht es auch immer darum, die Person einzuschüchtern und an ihr ein Exempel zu statuieren, um andere abzuschrecken. Das ist die Logik der «Cancel Culture». Wer etwas Falsches sagt oder mutmasslich denkt, der bekommt Ärger. Und zwar in der Regel eher nicht mit Personen, mit denen er direkt zu tun hat, sondern von Fremden, die ihn herauspicken, um selbst in Erscheinung zu treten. Das Ziel ist nicht, jemanden durch bessere Argumente zu überzeugen oder auch öffentlich in Verlegenheit zu bringen. Ziel ist typischerweise die Denunziation bei einem Arbeit- oder Auftraggeber o.ä. Das Mindeste ist die Aufforderung, sich für die angekreidete moralische Verfehlung öffentlich zu entschuldigen, also Busse zu tun und Unterwürfigkeit zu demonstrieren.

Interessant ist, dass in der Vergangenheit oft Staat und Konzerne im Mittelpunkt der Kritik standen, wenn es um Ungerechtigkeit, Umweltzerstörung, usw. ging. Doch diese sind heute, als Arbeitgeber und «Heimat» der PMC, die treusten Verfechter von «Political Correctness», Identitätspolitik und Klimaschutz. Das neue Feindbild sind die Unaufgeklärten und die Leugner. Es sind die normalen Leute, die als Arbeitnehmer, Selbständige, Landwirte, Handwerker und mittelständische Unternehmer anderes zu tun haben, als postmoderne Tugendhaftigkeit zu demonstrieren, um die Zugehörigkeit zur akademischen Klasse unter Beweis zu stellen.

Für die USA beobachtet der Rechtswissenschaftler Robert P. George einen Übergang von autoritärem zu totalitärem Verhalten:

«Die derzeitige Situation ist eine, in der sich die Menschen allgemein – einschliesslich der Menschen auf dem Hochschulcampus, und zwar nicht nur die Studenten, sondern auch die Dozenten, und zwar nicht nur die nicht fest angestellten (und daher in gewissem Sinne unsicheren) Dozenten, sondern auch die fest angestellten Professoren, die sicher sind – selbst zensieren. Alle Studien, die zu diesem Thema durchgeführt wurden, zeigen, dass die Menschen nicht sagen, was sie wirklich glauben, oder bestimmte Fragen, die sie gerne stellen würden, nicht stellen, weil sie die sozialen oder beruflichen Konsequenzen fürchten, wenn sie ‹das Falsche› sagen oder das Richtige auf ‹die falsche› Weise sagen.»

Und noch schlimmer:

«Gewöhnliche Autoritäre begnügen sich damit, Menschen zu verbieten, Dinge zu sagen, die sie für wahr halten. Totalitaristen begnügen sich nicht damit, sondern gehen noch einen Schritt weiter und zwingen die Menschen, Dinge zu sagen, die sie nicht für wahr halten. Und wir sind in zu vielen Bereichen von diesem autoritären Impuls zum totalitären Impuls übergegangen.»[3]

---

[3] «Robert P. George on Free Speech, Philosophical Liberalism, and Conservatism After Trump - Yascha Mounk and Robert P. George discuss how America can mediate deep moral disagreements among its citizens», Persuasion, online, 28.05.2022.

Kampf gegen «Fake News» und falsche Gesinnung

Ein spezielles Problem für die Wissenschaft ist der Kampf gegen «Fake News» und «Verschwörungsmythen». Menschen, die die Orthodoxie in Frage stellen, werden als «Leugner» bezeichnet. Diese Bezeichnung ist dem Begriff der «Holocaust-Leugnung» entlehnt. Sie wird seit einigen Jahren zur Identifikation von Menschen, die das Narrativ einer «drohenden Klimakatastrophe» in Frage stellen, genutzt. Das sind die «Klimaleugner». Ihnen hinzugesellt hat man zuletzt die «Corona-Leugner», eine Bezeichnung, mit der grosszügig alle belegt wurden, die Kritik an den staatlich angeordneten Corona-Massnahmen angemeldet haben. Zu den Opfern der «Leugner» stilisiert wurden zum einen die Wissenschaftler, die die entsprechenden Untergangsszenarien mit ihren Forschungsergebnissen und Interpretationen stützen und daher, insbesondere in den sozialen Medien, mitunter beschimpft wurden. Zum anderen auch alle an Covid Erkrankten oder gar Gestorbenen, die vermeintlich hätten gerettet werden können, hätten die Leugner nicht das Narrativ der Warner untergraben und somit den frühzeitigen Sieg über das Virus verhindert. Oder alle die «Klimatoten», die irgendwann der «Klimakatastrophe» zum Opfer fallen werden.

Bezeichnend ist in diesem Zusammenhang auch der Wandel des Wortes «Querdenker». Bis Anfang 2020 war das ein positiv besetzter Begriff, mit dem man Menschen bezeichnete, die kreativ waren, sich über Konventionen hinwegsetzten und so die Diskussion belebten und das Aufbrechen verkrusteter Dogmen ermöglichten. Im Zuge der Corona-Krise ist der Begriff zum Ausdruck der Diffamierung geworden. Nun gut, könnte man sagen, die Verwendung von Wörtern unterliegt einem Wandel. Das ist nicht weiter schlimm. Und Auslöser dieses Wandels war die Vereinnahmung des Begriffs durch die nach ihm benannte Bewegung der Corona-Kritiker. Doch hier hat sich nicht nur der Begriff gewandelt. Es hat sich die Einstellung zu dem gewandelt, wofür er bisher stand. Wer die Orthodoxie herausfordert, ist heute kein Aufrüttler oder Innovator, sondern ein Verräter.

Ins Visier der Verfechter harter Massnahmen gerieten dabei auch etablierte Wissenschaftler. Es ging so weit, dass Redakteure des Spiegel dem Talkshow-Gastgeber Markus Lanz vorwarfen, «für den Tod von tausenden von Menschen» verantwortlich zu sein, weil er in seiner Show wiederholt den Virologen Hendrik Streeck (Uni Bonn) und den Epidemiologen Alexander S. Kekulé (Uni Halle) zu Gast hatte, die sich kritisch zu einzelnen Aspekten der Lockdown-Politik äusserten.[4] Der Fernseh-Entertainer (und nationale Tugendwächter) Jan Böhmermann forderte in diesem Zusammenhang per Tweet vom 5. September 2021:

> *«Meinungen im öffentlichen Raum sollten einer strengen, umfassenden medialen und gesellschaftlichen Qualitätskontrolle standhalten. Die öffentliche Repräsentation von Meinungen muss nach Qualität erfolgen.»*

Die Wissenschaft leidet

Der Kulturkampf an den Universitäten und allgemein innerhalb der akademischen Klasse ist nicht gut für die Wissenschaft. Mit der Ausweitung der Aufgaben der Hochschule geht die Moralisierung und Politisierung der Wissenschaft einher. Die Politik nutzt die Wissenschaft, um sich hinter ihr zu verstecken («Follow the Science») und einige wenige Wissenschaftler drängt es ins politisch-mediale Rampenlicht, das es ihnen ermöglicht, ihre Sicht der

---

[4] Cancelculture.de, September 2021.

Dinge als DIE Wissenschaft und sich selbst als Welterklärer und mitunter als Weltrettungsexperten zu präsentieren.

Paradigmatisch ist hier das Diktum «The science is settled», mit dem beim Thema Klima zum Ausdruck gebracht wird, dass Klimapolitik nicht mehr hinterfragt werden darf. Der Wesenskern der Wissenschaft besteht allerdings darin, dass sie nie «settled» ist, sondern immer nur «work in progress». Wissenschaftlicher Fortschritt erfolgt ausschliesslich durch Infragestellen des bestehenden Wissens. Intellektuelle Tugendwächter oder Orthodoxiehüter sind der Tod der Wissenschaft.

Vielleicht noch fataler ist das konformistische Meinungsklima für die Lehre. Es werden heute von verschiedener Seite «Wünsche an die Lehre» herangetragen, die grundsätzlich geeignet sind, ihre Freiheit einzuschränken. In den allermeisten Fällen erfolgt dies nicht, indem Vorgaben und Regeln gegen den Willen des Hochschullehrers durchgesetzt werden, sondern dadurch, dass dieser jenen um des lieben Friedens willen entspricht – allzu oft auch wegen eigener konformistischer Neigungen, die einem das Leben (in einer Kultur der Angst) ja durchaus erleichtern können. An den Unis gilt: Wenn das «Current Thing» im Raum steht, wird mitgespielt. Da akademische Karrieren in hohem Masse davon abhängen, dass man publiziert, Vorträge hält, Drittmittel einwirbt, gegebenenfalls auch die Politik berät, ist der Druck auf Wissenschaftler, nicht durch kontroverse Äusserungen aufzufallen, sehr hoch. Wer etwas Falsches sagt, wird schnell stigmatisiert, hat es schwerer, zu publizieren oder Fördermittelanträge durchzubekommen, wird seltener zu Gastvorträgen eingeladen usw.

Druck kommt von allen Seiten: von Studenten, von der Hochschulleitung, von den Kollegen und nicht zuletzt auch aus Politik und Medien. Für eine Einschränkung gibt es jedoch keine Legitimationsgrundlage. Denn, wie der Jurist Christian von Coelln schreibt, hängt der Schutz der freien Lehre «nicht davon ab, wem die vertretenen Thesen oder schon die behandelten Themen missfallen, ob die Positionen als politisch inopportun gelten, wie meinungsstark, gut organisiert und empörungsaffin ihre Gegner sind oder mit welchem Anspruch moralischer Überlegenheit sie antreten.»[5]

Selbst in der Sprache wird Wissenschaftlern ein dauerndes Bekenntnis zum «Current Thing» namens «Gendersensibilität» abverlangt. Wer regelmässig die Wissenschaftssendungen im Deutschlandfunk hört, dem ist längst aufgefallen, dass dort praktisch nie Wissenschaftler zu Wort kommen, die nicht gendern. Entweder es gibt keine mehr. Oder die Medien reden nur noch mit den zeitgeistkonformen. Zu diesem Phänomen beitragen mag auch die Tatsache, dass in den Wissenschaftssendungen die meisten Beiträge Themen der politisierten Wissenschaft (Klimaschutz, Seuchenschutz, Umweltschutz, Minderheitenschutz, Tierschutz, usw.) behandeln. Das gleiche gilt offensichtlich für den Kulturbetrieb und die Kultursendungen.

Durch die moralische Selbsterhöhung und den zunehmenden expertokratischen Missbrauch von Wissenschaft wächst die Kluft zwischen Akademia und der Welt der normalen Menschen. Der amerikanische Psychologe und «Public Intellectual» Steven Pinker schreibt:

«Meine eigene Erfahrung als Wissenschaftskommunikator bestätigt, dass ein enormes Misstrauen gegenüber dem wissenschaftlichen und akademi-

---

[5] Christian von Coelln. «Beschneidet die ‹Cancel Culture› die Freiheit der Wissenschaft?», Forschung & Lehre, online, 06.12.2021.

schen Establishment besteht, weil die Menschen glauben, dass diese Einrichtungen von der politischen Linken gekapert wurden und dass jede Abweichung von der Orthodoxie mit Zensur oder Annullierung («cancellation») geahndet wird.»[6]

Die schweigende Mehrheit

Ich will mit etwas Positivem enden. Der aktuelle Zeitgeist begünstigt in hohem Masse Konformismus und Selbstzensur. Die Universitäten und von ihnen ausgehend die akademische Klasse ziehen ihr Selbstbewusstsein immer weniger aus wissenschaftlichem Erkenntnisdrang oder professioneller, nützlicher Arbeit und immer mehr aus dem Gefühl moralischer Überlegenheit und der Berechtigung, ja geradezu Verpflichtung zu Diskurslenkung, Volkserziehung und Verhaltensregulierung.

Aber: Es ist nach wie vor eine Minderheit, die sich aktiv als Gesinnungswächter betätigt und mit den Mitteln der «Cancel Culture» konformistisches Verhalten durchsetzt. Die meisten Menschen haben zwar keinen ausgeprägten Widerstandsgeist, sie sind aber keineswegs begeistert von dieser Kultur der Angst und Reglementierung. Sie halten sich im Wesentlichen raus. Aber bei ihnen wächst doch das Unbehagen. Das zeigen aktuelle Umfragen. Erstmals seit über 60 Jahren stimmten 2021 weniger als 50 Prozent der Aussage zu, man könne in Deutschland «seine politische Meinung frei sagen». Es waren nur 45 Prozent, satte 21 Prozent weniger als noch 2011, während 44 Prozent der Befragten angaben, man lasse hier lieber Vorsicht walten. (Bezeichnenderweise empfanden mit

---

[6] Zitiert nach «Pinker vs. the AAAS on the politicization of climate change — and science in general», whyevolutionistrue.com, 03.05.2022.

Abstand am wenigsten Meinungsklimadruck die Grünen-Anhänger.)[7]

In einer weiteren Erhebung, die das Allensbach-Institut im Auftrag des Deutschen Hochschulverbands und der Konrad-Adenauer-Stiftung im Oktober 2021 bei rund tausend Wissenschaftlern durchführte, gaben 40 Prozent an, dass sie sich «in ihrer Lehre durch formelle oder informelle Vorgaben zur «Political Correctness» stark oder etwas eingeschränkt» fühlten. Achtzehn Prozent sagten, dass «Political Correctness» es verhindere, dass man bestimmten Forschungsfragen nachgehen könne. Insbesondere die Geistes- und Sozialwissenschaften sind betroffen. Aktuell sehen dort über die Hälfte Lehre und Forschung eingeschränkt.[8]

Das Unbehagen wächst, der Leidensdruck nimmt zu. Noch gilt wohl: Es muss schlimmer werden, bevor es besser wird. Doch die Stimmung wird irgendwann kippen.

---

[7] Thomas Petersen: «Die Mehrheit fühlt sich gegängelt», Frankfurter Allgemeine Zeitung, 16.06.2021.
[8] «Wissenschaftler sehen Political Correctness kritisch», Forschung & Lehre, online, 18.11.2021.

III.
WISSENSCHAFT, DEMOKRATIE UND DIE OFFENE GESELLSCHAFT

Anmassung von Macht: Wissenschaft als Politikersatz

Stefan Kooths

Mit der Parole «Hört auf die Wissenschaft!» hat sich die politische Kultur weiter polarisiert. Was ursprünglich den Diskurs versachlichen sollte, ist ins Gegenteil umgeschlagen. Statt einer Verwissenschaftlichung der Politik kam es zunehmend zu einer Politisierung der Wissenschaft mit erheblichem Flurschaden auf beiden Seiten. Das kann kaum überraschen, werden hier doch zwei Sphären miteinander vermischt, die jeweils ganz anderen Mechanismen folgen.

Ist das Problem in einzelnen Themenbereichen schon gravierend genug (Pandemie, Klimawandel), so drohte es die freiheitliche Gesellschaft aus den Angeln zu heben, wenn die Wissenschaft als Herrschaftsinstrument zum allgemeinen Prinzip erhoben würde, um das soziale Gefüge in kollektivistisch-konstruktivistischer Weise zu gestalten. Die Gefahr ist nicht neu, aber nur mühsam zu bändigen. Nährt doch der technische Fortschritt und jede grosse Krise den Glauben an eine heilsbringende Expertokratie.

Wissenschaft klammert Werturteile aus, ...

Die wissenschaftliche und die politische Sphäre unterscheiden sich in vielerlei Hinsichten (Abbildung 1). Das beginnt bereits mit der Zielsetzung. In der Wissenschaft geht es um Erkenntnis im Sinne von intersubjektiv nachvollziehbarem Wissen. Wissenschaft soll Wissen schaffen, wobei praktische Relevanz und moralische Aspekte aus wissenschaftlicher Sicht keine belangvollen Kriterien sind (erst mit dem Ge- bzw. Missbrauch von Wissen macht sich der Mensch durch sein Handeln rechenschaftspflichtig). Im Kern geht es um die Befriedigung der menschlichen Neugier nach einer systematischen Erklärung für alles, was sich Menschen über ihre Welt fragen können.

Paradigmen können hierbei als grundsätzliche Vorgehensweisen hilfreich sein, stellen ihrerseits aber keine Werturteile dar, sondern müssen sich – wie alles andere in der Wissenschaft – danach beurteilen lassen, ob sie dem Erkenntnisprozess nützen oder im Wege stehen. Wissenschaftliche Paradigmen sind daher – wenn auch mühsamer und meist nur über längere Zeiträume hinweg – ebenfalls grundsätzlich falsifizierbar, und sie werden dadurch überwunden, dass das Festhalten an unbrauchbaren Paradigmen – wie Walter Eucken es formuliert hat – «durch Misserfolge bestraft wird».

Wissenschaft	Politik
▪ Erkenntnis (positiv)	▪ Wollen (normativ)
▪ Paradigmen	▪ Werte
▪ Ursache-Wirkung (Verstehen)	▪ Instrumenteneinsatz (Gestalten)
▪ Komplexitätsreduktion	▪ Multiple Ziele/Interessenausgleich
▪ Mainstream/offene Fragen	▪ Mehrheitsprinzip
▪ „Organisierte Skepsis" (R. Merton)	▪ Organisierte Interessen
▪ **Diskurs ⇨ Hypothesen**	▪ **Diskurs ⇨ Entscheidungen**

Wissenschaft kann Politik nicht ersetzen

Abbildung 1: Wissenschaft vs. Politik

Bei der Suche nach Wahrheit (im Sinne von zutreffenden Ursache-Wirkungs-Zusammenhängen) steht der Mensch einer für ihn zunächst überwältigenden Komplexität gegenüber. Diese zunächst in kleinere Fragenbereiche aufzulösen und nicht alles aus einem Guss beantworten zu wollen, stellt eine bislang äusserst erfolgreiche Forschungsstrategie dar. Auch die Aufteilung der Wissenschaft in verschiedene Disziplinen fällt darunter, wobei auch innerhalb der Disziplinen die Komplexitätsreduktion meist radikal vorangetrieben werden muss, um zu (vorläufig) gesicherten Aussagen zu gelangen.

Typischerweise bildet sich auf den verschiedenen Wissensfeldern ein Mainstream heraus, der den weitgehend geteilten Erkenntnisstand widerspiegelt. Die Existenz eines «Mainstreams» impliziert jedoch bereits, dass weiterhin abweichende Auffassungen bestehen, insbesondere deshalb, weil bestimmte offene Fragen nicht vollbefriedigend gelöst sind und daher ein übergreifender Konsens noch aussteht.

Das permanente Infragestellen des Forschungsstandes macht den Wesenskern der Wissenschaft aus, die deshalb mit Robert K. Merton auch als «organisierte Skepsis» bezeichnet werden kann, um im Diskurs zu möglichst immer besseren Hypothesen zu gelangen. Dabei kommen die Fortschritte regelmässig aus einer Aussenseiterposition heraus, die den jeweils vorherrschenden Mainstream herausfordert und ihm eine neue Richtung geben. Das war mit Einsteins Relativitätstheorie in der Physik nicht anders als mit Mengers 180-Grad-Drehung der Wertlehre als Nukleus der modernen Wirtschaftswissenschaft.

... die in der Politik das prägende Element sind

In der Politik geht es demgegenüber um die Gestaltung des sozialen Miteinanders im Sinne der *res publica*. Während in der Wissenschaft die Frage gestellt wird, warum die Welt so aussieht, wie sie aussieht, geht es in der Politik darum, wie sie aussehen sollte. Hierbei spielen Werturteile eine wesentliche Rolle, über die – anders als bei wissenschaftlichen Hypothesen – via Falsifikation prinzipiell kein Konsens herbeigeführt werden kann. Das beginnt schon damit, was überhaupt Gegenstand politischen Handelns sein soll.

Politik nutzt die Wissenschaft, indem sie die dort erkannten Ursache-Wirkungs-Zusammenhänge durch einen entsprechenden Instrumenteneinsatz für ihre Gestaltungsaufgabe einsetzt. Mit der Anwendung von Wissen begibt sie sich aber zugleich auf den Boden des moralisch Begründungspflichtigen.

Mehr noch: Während sich die Wissenschaft durch Spezialisierung auf kleine Ausschnitte der Wirklichkeit beschränken kann, um darüber eindeutige Aussagen zu machen, sieht sich die Politik praktisch immer multiplen, nichtharmonischen Zielen gegenüber, die «Trade-offs» im Sinne eines Interessenausgleichs erfordern. Dem kann die Politik nicht ausweichen, weil sie Entscheidungen treffen muss, die das Leben individueller Akteure zwangsläufig in unterschiedlichem Masse betreffen. Mögliche «Spillovers» können dabei nicht einfach «annahmegemäss ausgeschaltet» werden, wie es Wissenschaftler mit einer «ceteris paribus»-Klausel vermögen, um den Problembereich so einzugrenzen, dass er sich mit den verfügbaren Methoden lösen lässt.

Bei diesem Abwägungsprozess bleibt die Politik weitgehend auf sich gestellt. Der politische Diskurs wird daher um Mehrheiten geführt, mit denen schliesslich Entscheidungen getroffen werden, die im Rahmen der Rechtsordnung verbindlich sind. Dabei prallen organisierte Interessen aufeinander, die nicht nach Wahrheit, sondern nach Einfluss streben.

Wissenschaft kann Politik nicht ersetzen

Es gibt keine wissenschaftliche Disziplin, die der Politik die Aufgabe der Interessenabwägung im konkreten Anwendungsfall abnehmen könnte. Neben allgemeinen Leitlinien für das staatliche Handeln kann die Wissenschaft im Konkreten nur ihre Spezialkompetenz geltend machen. So mag ein Epidemiologe hinreichend genau zeigen können, wie Schulschliessungen unter bestimmten Bedingungen das Infektionsgeschehen dämpfen. Zugleich mögen Pädagogen und Psychologen zeigen können, mit welchen Bildungsverlusten und psychologischen Schäden dann bei den Schülern zu rechnen ist. Ökonomen können wiederum die durch häusliche Kinderbetreuung bedingten Arbeitsausfälle bestimmen und entsprechende Wohlstandsverluste abschätzen. Eine wissenschaftliche Begründung für oder gegen Schulschliessungen als Mittel zur Infektionsabwehr vermag aber keine dieser Disziplinen zu liefern, weil es hierzu Werturteile bedarf, die ausdrücklich nicht Teil der Wissenschaft sein können.

Die Forderung nach evidenzbasierter Politik kann immer nur für die jeweiligen Einzelbereiche erhoben werden (und sollte es auch), niemals aber für die Gesamtentscheidung. Wissenschaft kann dazu beitragen, die

verschiedenen Auswirkungen einer politischen Interven-
tion vorab möglichst gut aufzuzeigen, so dass die «Trade-
offs» klar zu Tage treten. Die Gesamtbewertung wird
aber der Mehrheitsentscheidung im Rahmen der rechtli-
chen Ordnung vorbehalten werden müssen und kann
sich niemals ihrerseits auf wissenschaftliche Evidenz berufen.

Wird die politische von der wissenschaftlichen
Sphäre nicht sauber getrennt, gerät vieles in Unordnung.
Politiker neigen dazu, sich hinter «der Wissenschaft» zu
verstecken, um damit zugleich Verantwortlichkeit auf
diese abzuwälzen. Sobald aber politische Entscheidungen als «wissenschaftlich erforderlich» geframt werden,
eskaliert der politische Diskurs. Denn dann treten nicht
mehr verschiedene Werte und Interessen gegeneinander
an, sondern es steht vermeintlich die wissenschaftliche
«Wahrheit» gegen die «unwissenschaftliche» Lüge. Wahr
steht gegen falsch, gut steht gegen böse. Wer sich den so
geframten Mehrheitsbeschlüssen widersetzt, ist nicht
einfach nur in der Minderheit, sondern wird zum Wissenschaftsleugner. Im Extremfall exekutiert eine solche
Politik nur noch «alternativlose» Entscheidungen.

Nicht nur das Funktionieren des politischen Pro-
zesses wird dadurch untergraben, auch die Wissenschaft
leidet unter dieser Überforderung. Widerspruch von
Aussenseitern aus Zweifel am Mainstream – das Lebenselixier der Wissenschaft – droht nunmehr als gemein-
wohlschädliche Zersetzung der richtigen Politik missver-
standen zu werden. Die dabei entwickelte Wucht zeigt
sich eindrucksvoll darin, dass selbst einst noble Etiketten
wie «Querdenker» oder «Versteher» kurzerhand unter-
gepflügt und in ihr Gegenteil verdreht werden.

Hat sich die Politik erst einmal auf bestimmte, vermeintlich wissenschaftlich unverrückbare Positionen festgelegt, lenkt dies alsbald meist auch die Finanzierungsströme im öffentlichen Wissenschaftsbetrieb. So kann sich die Politik die Richtigkeit ihrer «wissenschaftlich geleiteten» Entscheidungen immer wieder aufs Neue «wissenschaftlich» bestätigen lassen.

Taxis: Menschen als (Verfügungs-) Masse

Das Ansinnen, Politik in einem Gestaltungsanspruch angewandter Wissenschaft aufgehen zu lassen, gewinnt nochmals eine andere Qualität, wenn es nicht bloss um die Bewältigung spezifischer Probleme (Pandemie, Klimawandel), sondern um den Zuschnitt des gesamten Wirtschafts- und Gesellschaftssystems geht. Dabei steht nicht nur die individuelle Freiheit auf dem Spiel, sondern die Zivilisation selbst. Vor diesen Gefahren haben liberale Sozialphilosophen wie Karl Popper (*Die offene Gesellschaft und ihre Feinde, Das Elend des Historizismus*) und Friedrich A. von Hayek (*Missbrauch und Verfall der Vernunft, Die Verfassung der Freiheit*) immer wieder gewarnt.

Abbildung 2: Soziale Koordinationssysteme: Taxis vs. Kosmos

Wegbereiter für einen vermeintlich wissenschaft-
lich-fundierten, tatsächlich aber völlig überzogenen
staatlichen Gestaltungsanspruch ist ein an den Naturwissenschaften orientiertes Verständnis der Sozialwissenschaften, das Hayek als Szientismus geisselte. Menschen
werden dabei als blosse Elemente grösserer Kollektive
aufgefasst. Sie zählen nicht als einzigartige Akteure mit
jeweils eigenen Präferenzen und individuellen Fähigkeiten, sondern stellen als Individuum lediglich ein Bündel
verschiedener Gruppenmerkmale dar, aus denen sich
ihre Eigenschaften und sozialen Verhaltensweisen vollständig beschreiben lassen.

Menschliche Diversität wird so auf ein Minimum
eingedampft, und die für die sozialwissenschaftliche
Analyse relevanten Eigenschaften und Verhaltensweisen
der individuellen Akteure erklären sich nur über ihre
Gruppenzugehörigkeit.[1] Damit fallen sie als Triebkräfte
des gesellschaftlichen Fortschritts aus. Diese werden vielmehr in überindividuellen (man könnte auch sagen:
übermenschlichen) gesellschaftlichen Entwicklungsge-
setzen gesehen, denen es durch systematische Beobachtungen (ähnlich den Naturgesetzen in den Naturwissenschaften) auf die Spur zu kommen gilt.

Das Pendant zum naturwissenschaftlichen Inge-
nieur bildet in der Politik der Sozialingenieur, der unter
Ausnutzung bekannter sozialwissenschaftlicher Gesetzmässigkeiten das gesellschaftliche Leben so formiert,
dass es einem Idealstaat möglichst nahekommt. Einen
solchen, durch gezielte Setzung ersonnenen Gesell-
schaftsentwurf, bei dem methodologischer Kollektivis-

---

[1] So ist ein Arbeiter vor allem Mitglied der Arbeiterklasse (mit den diesem Kollektiv zugeschriebenen Eigenschaften) und sonst weiter nichts, ähnlich aus-
tauschbar wie H_2O-Moleküle im Wasser (kennt man eines, kennt man alle).

mus und konstruktivistischer Rationalismus (in der Tradition von Descartes, Hobbes, Comtes et al.) Hand in Hand gehen, hat Hayek als Taxis bezeichnet (Abbildung 2, linke Spalte) und auf zweifache Weise zu Recht scharf kritisiert.

Zum einen ist der methodologische Kollektivismus den Sozialwissenschaften als Vorgehensweise nicht adäquat und auch in sich widersprüchlich. Bewegungsgesetze von Kollektiven oder anderen Aggregaten beobachten zu wollen, setzt diese bereits als Konstrukt einer Theoriebildung voraus. Sie sind selbst keine reale Erscheinung, die – ähnlich wie die Vorkommnisse in der Natur – der menschlichen Beobachtung intersubjektiv in gleicher Weise zugänglich wären.

Zum anderen entzündet sich Hayeks Kritik an den konstruktivistischen Gestaltungsansprüchen, die ein zentralplanerisches Wissen voraussetzen, das weit über jedes menschliche Mass hinausgeht. Die radikale Verdichtung der Gesellschaft in wenige Kollektive schafft dabei eine vermeintliche Übersichtlichkeit, die zu einem Gestaltungsglauben verleitet, der an der tatsächlichen sozialen Komplexität nur scheitern kann.

Kosmos: Individuelle Freiheit und soziale Entwicklungsoffenheit

Der Vorstellung einer nach menschlichem Entwurf gestalteten Ordnung stellt Hayek das Konzept der «spontanen Ordnung» gegenüber (Abbildung 2, rechte Spalte). Seine Erklärung gesellschaftlicher Phänomene stützt sich dabei auf den methodologischen Individualismus (Schumpeter, aufbauend auf Menger), wonach die Sozialwissenschaften ihre kleinste unabhängige Beobachtungseinheit in den individuellen Akteuren finden. Deren Handeln als Mitteleinsatz im Streben nach besseren Lebensumständen ist intersubjektiv nachvollziehbar und nur durch das Anerkennen subjektiver Werte (individuelle Präferenzen) überhaupt der wissenschaftlichen Analyse zugänglich. Ludwig von Mises meinte dazu: «Durch ihren Subjektivismus wird die moderne [Wert-] Theorie objektive Wissenschaft». Die Aggregation von individuellen Präferenzen geht demgegenüber mit analytischen Willkürakten einher. Daher können Kollektive oder andere Aggregate selbst keine Akteure und demzufolge auch nicht der Ausgangspunkt der Sozialwissenschaften sein.

Soziale Strukturen bilden sich in der spontanen Ordnung evolutionär durch Interaktion der verschiedenen Akteure heraus. Institutionen (Sitten, Gebräuche, Regeln), die sich im Sinne einer für die Beteiligten vorteilhaften sozialen Koordination bewähren, bleiben bestehen, andere werden aufgegeben, wobei Pioniere immer wieder neue institutionelle Arrangements entdecken, die dann erneut im «Trial-and-error»-Verfahren erprobt werden.

Auf diese Weise entstehen im Laufe der Zeit Institutionengefüge, die niemand gezielt geplant hat und die demnach das «result of human action, but not the execution of any human design» (Ferguson) sind. Dies meint Hayek mit dem Begriff der spontanen Ordnung. «Spontan» nicht im Sinne von plötzlich, sondern im Sinne evolutionären Entstehens durch soziale Interaktion.

Hierzu korrespondiert mit dem kritischen Rationalismus (in der Tradition von Hume, Smith, Popper et al.) eine Haltung, die angesichts der enormen Komplexität im sozialen Gefüge den menschlichen Planer ausserstande sieht, eine Ordnung zu entwerfen, die der sich evolutionär herausbildenden Ordnung in ihrer Leistungsfähigkeit auch nur im Entferntesten nahekommen könnte. Allenfalls lässt sich wissenschaftlich erforschen (rekonstruieren), warum sich bestimmte Institutionen durchgesetzt haben und andere nicht.

Der kritische Rationalismus in Kombination mit dem methodologischen Individualismus beinhaltet mit der Akzeptanz sozialer Komplexität zugleich eine Absage an historische Entwicklungsgesetze. Die spontane Ordnung bezeichnet vielmehr eine offene Gesellschaft, wobei «offen» entwicklungsoffen meint. Sie ist in ihrer weiteren Entwicklung nicht determiniert, jedenfalls nicht in einer Weise, die der menschlichen Erkenntnis zugänglich wäre.

Für das Wirtschaftssystem korrespondiert die spontane Ordnung mit einer Marktwirtschaft – also tauschwirtschaftlichem Wettbewerb –, in der das freie Preissystem für die Koordination der Akteure eine überragende Rolle spielt. Die Überlegenheit freier Märkte gegenüber zentralplanerischen Wirtschaftsformen rührt daher, dass das für ökonomisches Handeln relevante Wissen über alle am Wirtschaftsgeschehen beteiligten Akteure verteilt ist. Über Marktpreissignale wird dieses lokale, situative und personell gebundene Wissen in ein universelles Informationssystem eingespeist, das alle Beteiligten weltumspannend über Gewinn- und Verlustsignale dezentral koordiniert.

Auf dem Weg zum heutigen Wirtschaftssystem sind mit dem Tauschhandel, dem Privateigentums und dem Geld – um nur einige Meilensteine zu nennen – fortwährend neue Institutionen entdeckt worden, von denen zu Beginn niemand auch nur ahnen konnte, welche Bedeutung ihnen einst zukommen würde.

Alle Versuche, diesem evolutionär entstandenen System eine am Reissbrett geplante Alternative gegenüberzustellen, sind bislang kläglich gescheitert. Schuld daran war nicht die mangelnde Qualifikation der ausführenden Organe, auch die besten Wissenschaftler wären den Aufgaben der zentralen Planungsbüros niemals gewachsen. Gescheitert sind sie schon früher, nämlich an der «Anmassung von Wissen» (Hayek) der Systemdesigner.

Immer wieder verführend: Atavistische Instinkte und Machbarkeitsillusionen

Für Intellektuelle mit kollektivistischem Weltverbesserungsdrang können die Botschaften der in der spontanen Ordnung zum Ausdruck kommenden liberalen Sozialphilosophie nur ernüchternd wirken und Widerstand erzeugen. Dies umso mehr, als die Motive für ihr Streben nach einer heilen Welt mit den Ur-Instinkten korrespondiert, die seit jeher als sozialer Kitt kleine Gruppen, in denen die Menschen als Stammesgesellschaften bislang den allergrössten Teil ihrer Existenz verbracht haben, über soziale Wärme stabilisieren. Hierzu zählen insbesondere Solidarität, Allmende, hierarchische Fürsorge und Einzelfallgerechtigkeit. Dieser Kitt funktioniert in Kleingruppen bis heute (Familien, Freundeskreise, Clubs).

Er taugt aber nicht für die Grossgesellschaft, die ihrer Natur nach anonym ist. In dieser kommt es für die gegenseitige Koordination auf abstrakte Regeln an. Hierzu zählen Eigentum, Vertragstreue, Geld und Wettbewerb, alles Institutionen, die eher soziale Kälte ausstrahlen, weil sie sich in Reaktion auf die Bedürfnisse der sozialen Koordination in der anonymen Grossgesellschaft herausgebildet haben. An die Stelle der (dann nicht mehr umsetzbaren) fürsorglichen Einzelfallgerechtigkeit tritt als Funktionsvoraussetzung der Respekt vor allgemeinen Regeln.

Zwar beinhalten die menschlichen Ur-Instinkte auch Aggression gegen Fremde, während diese in der Grossgesellschaft als Tauschpartner gleichberechtigt integriert werden; dieser befriedende und antidiskriminierende Aspekt der offenen Gesellschaft scheint jedoch in «progressiven» Schichten bislang kaum zu verfangen.

Weil viele die soziale Wärme aus der Kleingruppe auch in der offenen Gesellschaft ersehnen, kann derjenige, der gegen die kalten Regeln der offenen Gesellschaft rebelliert, sich mit einem Appell an atavistische Instinkte (z.B. «nationaler Zusammenhalt») meist der Zustimmung grosser Bevölkerungsteile sicher sein. Entsprechend häufig werden sie strapaziert. Von daher ist der Sog hin zu kollektivistischen Politikentwürfen kaum zu bändigen – es sei denn, es würde in der Bildung klar auf diese Rolle der Urinstinkte eingegangen, damit beim Verstand jedes Mal die Alarmglocken schrillen, wenn Versuche unternommen werden, um uns zur Zustimmung zu dysfunktionalen Politik- und Gesellschaftsentwürfen zu verlocken.

Hinzu kommt, dass mit jeder grundlegenden Innovation auf dem Gebiet der Informationstechnologie neue Hoffnungen keimen, nicht länger auf die Informationseffizienz des marktwirtschaftlichen Systems angewiesen zu sein und die «technischen Hürden» der Zentralverwaltung endlich zu meistern. Dies war nach dem Aufkommen der ersten Grossrechner (von denen man sich das Ausrechnen der «richtigen» Verrechnungspreise erhoffte) nicht anders als die Hoffnungen, die heute mit «Big Data» und Künstlicher Intelligenz verbunden werden (die das Auslesen der «wahren» Konsumentenpräferenzen ermöglichen sollen).

Viel spricht deshalb dafür, dass sich der Glaube an die Machbarkeit einer (wohlmeinenden) Expertokratie immer wieder in anderem Gewand erneuert. Darin liegen erhebliche Gefahren für die individuelle Freiheit und für eine hochkomplexe Zivilisation, die auf funktionsfähige Koordinationsmechanismen angewiesen ist und sich ständig weiter ausdifferenziert (vom erheblichen Missbrauchspotenzial durch weniger wohlmeinende Experten ganz abgesehen). Bislang haben alle kollektivistischen Grossexperimente Millionen von Menschenleben gefordert. Nichts spricht dafür, dass der nächste Grossversuch glimpflicher ausgehen würde.

Von der Demokratie zur Herrschaft der Weisen?

Oliver Zimmer

«Heute wissen die meisten Menschen in zivilisierten Ländern, dass die Vorstellung einer rassi-
schen Überlegenheit ein Mythos ist. Doch selbst
wenn es sich dabei um eine anerkannte Tatsache
handeln würde, liessen sich daraus keine politischen Sonderrechte für die überlegenen Personen
ableiten. Das Einzige, was sich aus einer solchen
Überlegenheit ableiten liesse, ist die Pflicht zu einer besonderen moralischen Verantwortung.
Diese Verantwortungshaltung wäre auch gegenüber jenen einzufordern, deren Überlegenheit
sich im Bereich des Intellekts, der Moral und der
Bildung manifestiert. Dass gewisse Intellektuelle
und Moralisten diese nicht einnehmen, erzeugt in
mir den Verdacht, dass ihre Bildung fehlgeschla-
gen ist. Denn offenbar hat sie es nicht vermocht,
in ihnen ein Bewusstsein ihrer eigenen Grenzen –
und ihres Pharisäertums – zu erzeugen.»[1]

Die Unfähigkeit, die eigenen Grenzen zu erkennen: Karl Popper (1902-1994) sah darin bereits 1945 ein
Signum des moralischen Intellektualismus seiner Zeit.[2]
Das obige Zitat stammt aus seinem Schlüsselwerk, Die
offene Gesellschaft und ihre Feinde, das seit seiner Ver-
öffentlichung vor einem Dreivierteljahrhundert weit

---

[1] Karl Popper, The Open Society and its Enemies, Abingdon (Routledge, 2002 [1945], S. 48.
[2] Ibid., S. 48.

über die Wissenschaft hinaus Beachtung fand. Im ersten Teil seines Buches unterzieht der Philosoph und Logiker Platons Staatstheorie einer grundlegenden Kritik. Popper identifiziert Platons Kontrastierung demokratischer Dekadenz mit der angeblich überlegenen Ratio des Führerstaates als das intellektuelle Grundmuster des modernen Totalitarismus. Auch sieht er darin das Vorbild jener, die ihren Herrschaftsanspruch durch intellektuelle Selbstvergottung zu legitimieren suchen.

An den Schluss seiner Platon-Exegese setzt Popper eine ironische Bemerkung, die es in sich hat. Die Tragik des antiken Grossdenkers bestehe darin, dass er es nicht zum ersten Philosophenkönig gebracht habe, sondern bloss zum ersten Professor der Philosophie mit eigener Akademie in seiner Geburtsstadt Athen.[3] Die unangefochtene Macht in den Händen einer kleinen Avantgarde – dieses von Platon ganz offen, von seinen modernen Jüngern dagegen meist nur hinter vorgehaltener Hand hochgehaltene Ideal – sie sollte ihm verwehrt bleiben.

Der Traum von den Philosophenkönigen

Poppers ironischer Kommentar zu Platons fehlgeschlagenem Karriereplan ist indessen kaum als Zeichen der Erleichterung zu deuten. Vielmehr artikuliert sich darin die Hoffnung, dass die Philosophenkönige mit ihrer gesellschaftspolitischen Vision auch künftig – und zwar auf der ganzen Linie – scheitern mögen. Denn für Popper gibt es hier keinen Zweifel: Die Zurückweisung des *politischen* Herrschaftsanspruchs von Intellektuellen und Experten ist eine Grundvoraussetzungen der Demokra-

---

[3] Ibid., S. 146.

tie. Den Vorwurf des Anti-Intellektualismus hätte er in diesem Zusammenhang genauso abgelehnt wie den Zuspruch jener Populisten, bei denen das Volk schon deshalb stets Recht hat, weil es das Volk ist. Der einzige Held in Poppers Werk ist Sokrates, weil er, trotz seiner Kritik an der Demokratie, nach dem Grundsatz handelt: «Meine Autorität, falls ich eine solche besitze, gründet einzig und allein in meinem begründeten Wissen darum, wie wenig ich weiss.»[4] Während Sokrates die Skepsis auch gegenüber dem eigenen Urteil zur Tugend erhob und die Philosophen als Sucher der Wahrheit verstand, begriff Platon seine Philosophenkönige als deren alleinige Besitzer.[5]

Platons Anspruch, eine Ort und Zeit transzendierende Perspektive einzunehmen, dekonstruiert Popper als Pharisäertum, als Heuchelei. Indem er ihn in seinem Athener Milieu verortet, entlarvt er Platons Theorie als das, was sie seiner Meinung nach ist: kein universales Denkgebäude, sondern ein ideologisches Narrativ in eigener Sache.

Ähnlich wie bei Heraklit lokalisiert Popper die Ursache von Platons Geschichtsbild in einem sozialen Wandel, den dieser ganz offensichtlich als Verlust erfuhr. Denn Platon war der Abkömmling einer der reichsten aristokratischen Familien Athens, die ihre Macht durch den Aufstieg der Demokratie bedroht sah. Sein Onkel, Critias, führte die Partei der Tyrannen mit an. Diese Erfahrung habe Platon dazu gebracht, die Oligarchie zu verteidigen: theoretisch durch Verbreitung einer konservativen Geschichtsphilosophie, in der historische Entwicklungen einem naturhaften Gesetz unterliegen;

---

[4] Ibid., S. 123.
[5] Ibid., S. 136.

praktisch durch Installation einer kleinen, mit schier unbegrenzten Machtmitteln ausgestatteten Elite.

Der gesellschaftliche Umbruch, den Platon als Zerfall eines sittlichen Idealzustands erlebte, sollte durch die Herrschaft der Wissenden und Weisen rückgängig gemacht werden.[6] Klassenkonflikt sollte durch eine Kastenordnung ersetzt werden. Platon unterfütterte seine Argumente bekanntlich mit Metaphern aus dem Tierreich: Sein idealer Staat war einer, in dem es den patriarchalen Schafhirten gelingen würde, das menschliche Vieh im Zaum zu halten.

Gegen diese Vision politischer Ordnung bringt Popper seinen eigenen Demokratiebegriff in Stellung. Demnach setzt die funktionierende Demokratie voraus, dass sich die gesellschaftlichen Eliten in sokratischer Bescheidenheit üben, getreu dem Grundsatz: Demokratie ist die institutionalisierte Form des Zweifels am eigenen Urteil.

In der Praxis einer lebendigen Demokratie mutiert dieser Zweifel zu einer produktiven Kraft. Nicht ein Wertekonsens bildet somit für Popper das Kennzeichen der Demokratie, sondern der Streit der Meinungen. Denn auf dem Feld der Politik dient der demokratische Streit dem gleichen Ziel wie Hypothesen und deren (versuchte) Falsifizierung in der Wissenschaft: der Wahrheitssuche.

Im Gegensatz zur von Platon favorisierten Herrschaft der Weisen handelt es sich bei der Demokratie um ein Instrument, das die Macht horizontal (und nicht vertikal) teilt und das einem Gemeinwesen dadurch Sinn und politische Legitimität verleiht. Laut Popper geht es hier vor allem um das Bekenntnis zu einem politischen

---

[6] Ibid., S. 19.

Instrument, das zwischen verschiedenen Interessen und Werten vermittelt:

> *«Wer sich zum Prinzip der Demokratie bekennt, ist deshalb nicht gezwungen, das Resultat eines demokratischen Entscheids als Ausdruck letzter Weisheit zu betrachten. Obschon er den Entscheid der Mehrheit im Interesse der demokratischen Institutionen akzeptieren wird, wird er sich frei fühlen, diesen Entscheid mit demokratischen Mitteln zu bekämpfen, damit er revidiert mögen werde. Sollte er es erleben, dass die Mehrheit die demokratischen Institutionen zerstört, wird er aus dieser traurigen Erfahrung schliessen, dass es keine sichere Methode gegen die Tyrannei gibt. Doch an seinem Entscheid, die Tyrannei zu bekämpfen, wird es nichts ändern. Noch liefert ihm diese Erfahrung den Beweis der Inkonsistenz seiner Theorie.»[7]*

Demokratie versus Epistokratie

Poppers Gedanken sind anschlussfähig an die historisch-vergleichende Demokratieforschung der Moderne, wie sie beispielsweise von Charles Tilly über mehrere Jahrzehnte betrieben wurde. Demnach ist die Demokratie seit den atlantischen Revolutionen kein stabiler Zustand, sondern ein sich ständig erneuernder Prozess. Dieser Prozesscharakter der Demokratie zeigt sich sowohl an ihrer Fragilität wie auch an der Tatsache, dass die Massendemokratie mit allgemeinem Wahlrecht noch recht jung ist. Bei der modernen Demokratie, die sich in Monarchien oder Republiken entwickelte, handelt es sich um ein

---

[7] Ibid., S. 119.

Produkt der westlichen Verfassungskämpfe des späten 18. und frühen 19. Jahrhunderts. Auch war Demokratie im Sinne der auf dem Prinzip der politischen Gleichheit gegründeten Ordnung von Anfang an umstritten.[8]

Was den demokratischen Prozess in Gang hält, ist die Konsultation auf Augenhöhe zwischen den Organen des Staats und seinen Bürgern. Diese Konsultation zeichnet sich in einer lebendigen Demokratie durch gegenseitige Verbindlichkeit aus. Tilly formuliert es so:

«Ein Regime ist in dem Masse demokratisch, wie die politischen Beziehungen zwischen dem Staat und seinen Bürgern auf einer verbindlichen und geschützten Konsultation unter Gleichen basiert. Demzufolge handelt es sich bei der Demokratisierung um eine Bewegung in Richtung zunehmend allgemeiner, egalitärer, geschützter Konsultation, bei der Entdemokratisierung dagegen um eine Bewegung in Richtung zunehmend enger, ungleicher, ungeschützter und unverbindlicher Konsultation.»[9]

Wo die Konsultation zwischen Bürgern und Staatsorganen einen unverbindlichen, sporadischen oder hierarchischen Charakter annimmt, verdünnt sich die demokratische Substanz. Plötzlich findet man sich als Bürger in einem Gemeinwesen wieder, in dem sich der Staat und seine Behörden verselbständigt haben. Interessant an Tillys Studien zur Demokratie ist auch sein Kommentar zu den Ursachen ihres Scheiterns. Diese ortet er einer-

---

[8] Charles Tilly, *Democracy*, Cambridge (Cambridge University Press, 2007), S. 33. Oliver Zimmer und Bruno S. Frey, *Mehr Demokratie wagen. Volksherrschaft im 21. Jahrhundert*, Berlin (Aufbau Verlag, 2023), vor allem Kapitel 1 & 2.
[9] Tilly, *Democracy*, S. 59.

seits in einem markanten Anstieg sozialer Ungleichheit; und andererseits im Rückzug der Eliten aus dem demokratischen Prozess. Tilly spricht hier von «defection»; es geht also um eine Art von Desertion.[10]

Die Kernthese dieses Aufsatzes lautet: Demokratien – und besonders liberale Demokratien – sind auf den Beitrag von verantwortungsvollen Eliten angewiesen. Ohne Eliten, die zur Demokratie stehen – nicht lediglich aus wirtschaftlichem Eigeninteresse, sondern angetrieben von einem bürgerlichen Verantwortungsgefühl – hat die liberale Demokratie langfristig keine Chance. Die Frage, die sich stellt, ist folglich: Welche Art von Elite ist in der Lage, der Demokratie eine Zukunft zu geben?

Meine Antwort lautet, dass zukunftsfähige Demokratien auf eine Elite angewiesen sind, die sich einer bestimmten sozialen Epistemologie verpflichtet fühlt: einer bestimmten mentalen Landkarte. Man könnte diese als aufgeklärte Skepsis bezeichnen. Eine solche Elite akzeptiert – und das scheint mir der springende Punkt –, dass sie keinen privilegierten Zugang zur Wahrheit besitzt; dass sich Wahrheit in der Politik nur als Resultat eines Wettstreits zwischen verschiedenen Positionen, Ideen, Werten und Interessen bestimmen lässt; in diesem Wettstreit lassen sich Vernunft und Emotionen nicht fein säuberlich voneinander trennen.

Eine aufgeklärte Skeptikerin ist somit eine Person, die sich ihrer eigenen Grenzen bewusst ist. Sie weiss, dass eine liberale Demokratie nur dann über den Tag hinaus Bestand hat, wenn sie verschiedene Lebenserfahrungen in sich aufzunehmen vermag. Wenn zu viele Leute

---

[10] Ibid., S. 39.

an die alternativlose Wahrheit glauben, geht dem demokratischen Leben der Schnauf aus.

Nun ist es aber gerade diese aufgeklärte Skepsis, die kürzlich aus der Mode gekommen ist. An ihre Stelle tritt vermehrt eine epistokratische Kultur. Wie das Wort Demokratie stammt auch der Begriff der Epistokratie aus dem Griechischen. Ein Epistokrat ist jemand, der eine Herrschaft der Wissenden (episteme: «Wissen»; kratía: «Herrschaft») unterstützt. Aus epistokratischer Warte gefährdet die partizipatorische Demokratie (demos: «Volk»; kratía: «Herrschaft») die Interessen des Staates.[11]

Die Wahrheit der Epistokraten

Epistokraten orientieren sich an einem anderen Vernunftbegriff als Demokraten. Für sie erschliesst sich Wahrheit vornehmlich über eine Deduktion, die sich seit dem 18. Jahrhundert zentral an normativen Semantiken (in ihrem Zentrum steht der Begriff des «Fortschritts») orientiert. Damit verweisen sie die Wahrheit in eine ausserhalb von Politik und sozialer Erfahrung liegende Sphäre; eine Sphäre, die sich dem Streit der Ideen, Werte und Interessen weitgehend entzieht. Epistokraten glauben, dass sie einen privilegierten Zugang zur Wahrheit besitzen – dank ihrer Bildung und ihrer zeitgemässen Grundhaltung. Ihr Machtanspruch übersteigt jedoch das, was unter liberal-demokratischen Bedingungen einlösbar ist, bei weitem.

---

[11] Eine Einführung ins Thema bietet Dirk Jörke, *Die Grösse der Demokratie,* Frankfurt am Main (Suhrkamp, 2019). Für eine moderne Epistokratie argumentiert Jason Brennan, *Against Democracy!* Princeton (Princeton University Press), 2015. Für den Ausbau der partizipatorischen Demokratie plädieren Zimmer und Frey, *Mehr Demokratie wagen.*

Als politische Vision ist die Epistokratie keineswegs neu. Von Platon war schon die Rede gewesen. Politisch bedeutsam wurde das epistokratische Denken wohl erstmals in den von Reformation und Gegenreformation geprägten Kulturkämpfen des 16. und 17. Jahrhunderts – wie genau und warum gerade dann, ist eine Frage für die künftige Forschung. Sicher ist, dass die epistokratische Vision die modernen Massendemokratien von Anfang an begleitete. Etwa im späten 18. Jahrhundert, als führende Republikaner in den USA und in Frankreich einer Beschränkung der politischen Mitbestimmung das Wort redeten.

Auch im 19. Jahrhundert beschrieben viele Liberale des *Juste Milieu* – ihr brillantester Vertreter war zweifellos der Franzose François Guizot –, die Demokratie im Sinne von Volkssouveränität als Feind des zivilisatorischen Fortschritts. Was sie dabei leitete, war nicht allein die pragmatische Einsicht, wonach grosse Länder für die partizipatorische Demokratie ungeeignet seien. Wichtiger war das Misstrauen gegenüber anderen sozialen und kulturellen Milieus. Platons Schafhirten standen im Verdacht, die Kontrolle über die Schafe zu verlieren.[12]

Wir erleben heute ein Revival dieser epistokratischen Kultur. Etwa an den Akademien, wo Sozialwissenschaftler wie Bryan Caplan oder Scott Althaus der liberalen Mehrheitsdemokratie ein schlechtes Zeugnis ausge-

---

[12] Das Argument wird ausgeführt in Zimmer & Frey, *Mehr Demokratie wagen,* Kapitel 1-4. Einen interessanten Startpunkt für die Beleuchtung des Konflikts zwischen epistokratischen und demokratischen Kräften in den zwei Jahrhunderten nach der Reformation bieten: Diarmaid MacCulloch, *Reformation: Europe's House Divided 1490-1700,* London (Allen Lane, 2003). Richard Tuck, *The Sleeping Sovereign: The Invention of Modern Democracy,* Cambridge (Cambridge University Press, 2015).

stellt haben. Die Normaldemokratie sei aufgrund ihrer Defizite unfähig, Tugendhaftes zu leisten. Sie sei nicht in der Lage, nachhaltig fortschrittlich zu wirken.

Der heute bekannteste Vertreter dieser Position ist jedoch der US-Philosoph Jason Brennan. In seinem Bestseller *Against Democracy* bezeichnet Brennan die Demokratie als ungerecht, weil sie inkompetenten Bürgern ein politisches Mandat erteile, das ihnen aufgrund ihres bescheidenen Wissensstandes nicht zustehe. Als Lösung offeriert er ein im Grunde sehr altes Rezept – ein nach sozialen Klassen abgestuftes Wahlrecht, das politische Mitbestimmung faktisch an formale Bildung und Besitz knüpft. Neu daran ist bloss das verlangte Prüfungsverfahren. Mit seinem «voter qualification exam» fordert Brennan eine Art politische Fahrprüfung für Bürger.

Als weitaus wirkungsvoller als diese professoralen Voten erweist sich jedoch ihre Verbreitung durch supranationale Organisationen und Regelwerke. So setzt die EU bekanntlich deutlich mehr Vertrauen in ein Triumvirat von Technokraten, Richtern und Kommissaren als in gewählte Politiker oder stimmberechtigte Bürger.

Bei seiner ausgiebigen Feldforschung im europäischen Machtzentrum stellte Hans Magnus Enzensberger Mitarbeitern der EU-Exekutive die Frage, wie sie sich das Misstrauen der Bürger Europas gegenüber den Verträgen, die sich in mehreren Referenden manifestiert hatte, erklärten. Ihre Antwort viel ganz im Sinne Platons aus:

«Ihren Widerstand kann man sich in Brüssel nur dadurch erklären, dass man es mit einer ignoranten, aber rebellischen Bevölkerung zu tun hat, die nicht weiss, was zu ihrem besten ist. Deshalb tut

man gut daran, sie gar nicht erst zu befragen. Der blosse Gedanke an ein Referendum löst bei der Eurokratie sofort Panik aus.»[13]

Als stille Inspiration wirkt das epistokratische Denken ausserdem im Bereich vieler globaler Verlautbarungen, Abkommen und Verträge. Von ihren Befürwortern werden solche Abkommen in der Regel euphemistisch als «soft law» beschrieben. Gesamthaft stärken sie jedoch ein Narrativ der globalen Gerechtigkeit, das dazu beiträgt, den Spielraum für demokratische Entscheidungsfindung immer mehr einzuschränken.[14]

Als besonders bedeutungsvoll erweist sich das, was man als die Verrechtlichung der Politik bezeichnen könnte. Jonathan Sumption, von 2012 bis 2018 Mitglied des britischen Supreme Court und somit kein Gegner des Rechtsstaats, brachte das Problem vor wenigen Jahren wie folgt auf den Punkt: «Das Recht ist heute die Fortsetzung der Politik mit anderen Mitteln.»[15] Zwar sei es keineswegs so, dass «das Fundament unserer Gesellschaft» einzubrechen drohe «wegen ein paar Richtern, die ohne demokratisches Mandat eine Grenze überschreiten – ob diese Richter nun in London, Strassburg, Washington

---

[13] Hans Magnus Enzensberger, *Sanftes Monster Brüssel oder die Entmündigung Europas,* Frankfurt am Main (Suhrkamp) 2011, S. 56.

[14] Zu den Befürwortern des Aushebelns demokratischer Souveränität durch sogenanntes *Soft Law* gehören keineswegs nur linke Kreise. Eher müsste man von einer Phalanx jener Art von linken und neoliberalen *Anywheres* sprechen, auf die Dani Rodrik in diversen Beiträgen hingewiesen hat. Dani Rodrik, *The Globalization Paradox: Democracy and the Future of the World Economy,* Oxford (Oxford University Press, 2011). Quinn Slobodian, *Globalists: The End of Empire and the Birth of Neoliberalism,* Cambridge MA (Harvard University Press, 2018). S. 111 – 112.

[15] Jonathan Sumption, *Trials of the State: Law and the Decline of Politics,* London (Profile Books, 2019), S. 35.

D.C. oder sonst wo sitzen.» Dennoch sei der Schaden, der durch diese Grenzüberschreitungen mit der Zeit angerichtet werde, potenziell immens. Der Abbau der Demokratie, so Sumption, schreite auf leisen Sohlen voran:

«Demokratien werden selten durch plötzliche externe Schocks oder unpopuläre Entscheidungen zerstört. Der Vorgang ist viel banaler und heimtückischer. Langsam wird ihnen jene Nahrung entzogen, die sie demokratisch macht. Dies geschieht durch einen internen Prozess des Zerfalls und der zunehmenden Indifferenz, bis sie sich mit der Zeit in etwas anderes verwandeln – so wie dazumal bei den republikanischen Verfassungen von Athen oder Rom oder bei den italienischen Stadtstaaten der Renaissance.»[16]

Was im Eifer zeitgenössischer Tugendgefechte meist übersehen wird, ist die geistige Verwandtschaft, die Epistokraten und Populisten miteinander verbindet. So glauben beide daran, einen privilegierten Zugang zur Wahrheit zu besitzen. Auch bedienen sich beide komplexitätsreduzierender Tricks. Während stramme Populisten ein angeblich unfehlbares Volk zur Quelle der Wahrheit verklären, wohnt die Wahrheit für Epistokraten in den Köpfen einer mit Universitätszertifikaten ausgestatteten Elite.

Die geistige Verwandtschaft der beiden Lager zeigt sich auch in ihrer politischen Rhetorik. Wenn Epistokraten nach mehr globalen Regeln rufen, ernten sie von Populisten den Vorwurf, ihr Land aus persönlichen Ge-

---

[16] Jonathan Sumption, «The Limits of the Law», in: *Lord Sumption and the Limits of the Law*, Nicholas William, Richard Ekins and Paul Yowell (Hg.), London (Bloomsbury, 2016), S. 26.

winnmotiven zu verkaufen. Wenn Bürger die Politik offener Grenzen kritisieren, werden sie von Epistokraten als unaufgeklärte Gesellen diffamiert.

Auf die geistige Verwandtschaft von Epistokraten und Populisten hat vor kurzem auch die Historikerin Sophia Rosenfeld hingewiesen: «Letztlich», so schreibt sie in ihrem Buch *Democracy and Truth*, «imitieren [...] Populisten und Technokraten einander. Beide sind strikt gegen intermediäre Körperschaften und prozedurale Legitimität. Vor allem aber lehnen sie beide die Vorstellung ab, wonach sich Wahrheit in der Politik nur über die Konkurrenz der Ideen bestimmen lässt.»[17]

Aufklärung I und Aufklärung II

Die bisherigen Ausführungen verdeutlichen, dass hinter dem Konflikt um die moderne Demokratie zwei unterschiedliche Begriffe von Wahrheit und Vernunft stehen. Ich nenne sie Aufklärung I und Aufklärung II:

Bei der Aufklärung I ist Wahrheit der Besitz einer Avantgarde. Ich habe das an anderer Stelle als neumodischen Liberalismus bezeichnet, dessen geistige Wurzeln sich historisch unschwer rekonstruieren lassen. Was seine Exponenten vertreten, lässt sich als «DINO» – ein Kürzel für «Democracy in Name Only» – beschreiben.[18] Dieser Liberalismus ist nicht das Resultat einer Verschwörung. Karl Popper hatte zweifellos recht, als er meinte, die Moderne sei für globale Verschwörungen zu komplex. Nicht zu komplex ist diese Moderne allerdings

---

[17] Sophie Rosenfeld, *Democracy and Truth: A Short History*, Philadelphia (University of Pennsylvania Press, 2018), S. 135.
[18] Oliver Zimmer, *Wer hat Angst vor Tell? Unzeitgemässes zur Demokratie*, Basel (Echtzeit-Verlag, 2020), 1. Kapitel.

für das, was Max Weber säkulare Theodizeen genannt hat. Damit sind Interpretationen der Wirklichkeit gemeint, die das Leiden und die Ungerechtigkeit in der Welt durch eine umfassende Moral erklären und zum Verschwinden bringen sollen.

Die Demokratie, die sich an der Aufklärung I orientiert, läuft auf eine Epistokratie hinaus: auf eine Herrschaft der Wissenden und Weisen. Wobei der Ruf nach einer solchen Demokratie nur selten ausdrücklich erfolgt. Wer will sich heute schon als Gegner einer liberalen Mehrheitsdemokratie outen – noch dazu in einem zutiefst europäischen Land wie der Schweiz, in dem die demokratische Partizipation schon lange zur Selbstbehauptung gehört?

Bei der Aufklärung II ist Wahrheit dagegen eine Grösse, der man sich nur über ein geistiges Ringen annähern kann. Weil die Wahrheit auf dem Feld des Politischen nie eindeutig ist, lässt man sich – wo das möglich und vertretbar ist – auf Kompromisse ein. Wahrheit gilt den Anhängern von Aufklärung II nicht als absolut, sondern als abhängig von Werten und Überzeugungen. Dieser Begriff von Wahrheit gründet nicht in einem Relativismus des *anything goes*. Das sieht man schon daran, dass sich die Bürger hier an bestimmte Verfahrensregeln halten müssen. Richtig ist allerdings, dass hier Wahrheit – ausser in Bezug auf Fragen des Grundrechts und des zwingenden Völkerrechts – nicht als absolut, unteilbar und *sui generis* gilt, sondern als abhängig von Werten und Überzeugungen.

Im Gegensatz dazu steht Aufklärung I in der Tradition der religiös inspirierten Kulturkämpfe im Zuge von Reformation und Aufklärung. Zu meiner Entlastung füge ich unverzüglich an: Reformation und Aufklärung setzten emanzipatorische Kräfte frei; sie brachten uns grosse Errungenschaften. Daneben produzierten sie aber auch jene säkularen Götter, die unsere soziale und politische Ordnung periodisch zu destabilisieren drohen. Wir befinden uns heute wieder in einer solchen Phase. Jedenfalls erinnert mich das Klima unserer öffentlichen Debatten zuweilen an den Ausspruch Friedrich Schillers aus dem Jahr 1784: «Die Weltgeschichte ist das Weltgericht.»

Hier mahnt uns Aufklärung II zu epistemischer Bescheidenheit. Unbewusst bezieht sie ihre Inspiration wohl aus jenem Monotheismus, der sich den Dualismus von Gott und Welt bewahrt hat. Es ist der Gott der Hebräischen Bibel, des Tenach. «Du sollst Dir kein Gottesbild machen und keine Darstellung von irgendetwas am Himmel droben, auf Erde unten oder im Wasser unter der Erde.» So heisst es im 2. Buch Moses. Doch das Bilderverbot ist nur das eine. Daneben steht ein zweites, noch radikaleres geistiges Vermächtnis: Der Gott der Hebräer weigert sich standhaft, seinem Namen preiszugeben.

Ich werde meine jüdische Mitschülerin nie vergessen, die anstelle des Buchstabens 'o' beim Wort Gott stets nur ein Gänsefüsschen setzte. Unserer Lateinlehrerin missfiel das jeweils sehr. Sie griff hier unbarmherzig zum Rotstift. Denn sie begriff lange nicht, dass der Name Gottes für meine aus einem liberalen jüdischen Elternhaus stammende Mitschülerin ein Geheimnis bleiben musste. Im Tenach gibt es deshalb nur das unvokalische Tetragramm (JHWH). Um dessen Aussprache zu vermeiden, die man nicht kennt, wird für das Tetragramm eine Ersatzlösung wie *Haschem* (der Name) oder *Adonai* (mein Herr) oder ein Titel wie *Elohim* (der Mächtige) verwendet.

Nun gibt es in der Hebräischen Bibel bekanntlich ein paar Stellen, in denen Menschen versuchen, den Namen Gottes in Erfahrung zu bringen. Diese menschlichen «Fishing Expeditions» scheitern jedoch allesamt. Am berühmtesten dort, wo Moses seinen ELOHIM fragt, was er denn tun soll, wenn sein Volk ihn als Gegenleistung für die Mühsal der Emigration nach dem Namen seines Auftraggebers frage. Von seinem Herrn erhält Moses zur Antwort, er solle ihnen sagen: «ICH BIN schickt mich zu Euch.» An die Ethik eines Gottes, der sich nicht in seine Karten schauen lässt, hatte wohl auch meine jüdische Mitschülerin gedacht, als sie sich, in diesem einen Fall, der deutschen Orthografie widersetzte.

Während sich im orthodoxen Judentum die Mystiker Gott nur unter strengsten Vorlagen annähern dürfen, fanden viele Christen in Jesus eine Projektionsfläche für das Paradies auf Erden. Die säkularisierte Form dieser Versuchung sind die modernen Geschichtsphilosophien mit ihrem absoluten Wahrheitsbegriff. Der deutsche Philosoph Odo Marquard hat ihre ideologische Dynamik folgendermassen beschrieben:

«Zuerst – in der Theologie – sass Gott über die Menschen zu Gericht, dann [...] die Menschen über Gott, dann [...] die Menschen über sich selber; schliesslich, als derlei permanente Selbstverdächtigung und Selbstanklage zu anstrengend wurde, entschlossen sich [...] die Menschen, zu dem zu werden, was Menschen doch eigentlich nicht sein können: zum absolut Unanklagbaren, zum Absoluten, das nicht mehr gerichtet wird, weil es nur noch selber richtet.»

Laut Marquard hat die Geschichtsphilosophie «die Pflicht zum Gottesbeweis durch die Pflicht zum Feindesbeweis ersetzt».[19]

Der Ausgangspunkt von Marquards Argumentation ist Leibniz 1710 publizierter Aufsatz, *Essais de théodicée sur la bonté de Dieu, la liberté de l'homme et l'origine du mal.* Darin stellt Leibniz die Frage, wie sich die Existenz Gottes mit dem Vorhandensein des Bösen in der Welt vereinbaren lasse. Warum lässt Gott das Leid zu? Leibniz' Antwort: Gott ist der Schöpfer der besten aller möglichen Welten. Das Gute, das er geschaffen hat, überragt das Schlechte bei Weitem. Wäre es umgekehrt, wäre Gottes Existenz nichts als eine Illusion. Dank ihrer Freiheit können Menschen zwischen dem Guten und dem Bösen wählen. Menschen sind unvollkommen. Leibniz nennt die Idee, dass Menschen allwissend sind, das metaphysische Übel. Er befindet sich hier also noch im alttestamentarischen Dualismus von Gott und Welt.

Aus dieser theologischen Theodizee entwickelten sich ab dem 18. Jahrhundert, mit den Geschichtsphilosophien, ihre säkularisierten Versionen. In ihnen übernimmt der Mensch die Rolle als Schöpfer der Geschichte; damit wird er, wenn das Übel in der Welt wieder einmal überhandnimmt, auch zum Täter. Aber nicht er selbst soll zum Täter werden und damit Sünde auf sich laden, denn dies wäre moralisch kaum verkraftbar. Die Täter, das sind dann stets die anderen: diejenigen, «die nicht die Avantgarde sind», mithin all jene, die es durch eine Epistokratie zu zivilisieren gilt. In Marquards Worten: Die Geschichtsphilosophie hat «die Pflicht zum Gottesbeweis

---

[19] Odo Marquard, *Schwierigkeiten mit der Geschichtsphilosophie. Aufsätze*, Frankfurt am Main (Suhrkamp, 2017 [1982]), S. 18 – 19, 80.

durch die Pflicht zum Feindesbeweis ersetzt». Anstelle des Gottesglaubens tritt nun Kants Vernunftglaube.

Demokratie und das Risiko des Widerspruchs

Die gerade heute wieder erkennbare Versuchung, Politik mit dem Eruieren letzter, uns in eine verheissungsvolle Zukunft führende Wahrheiten gleichzusetzen, die nur einer Minderheit von Aufgeklärten zugänglich sind, ist aus den ausgeführten Gründen abzulehnen.

Selbstverständlich muss objektiv Messbares bei der Diskussion um die Frage, wie demokratische Gemeinwesen entstanden und wie sie in Zukunft zu gestalten seien, eine wichtige Rolle spielen: Das gilt mit Bezug auf Themen wie Steuern, Haushalt und Verkehr genauso wie bei der Debatte über Energie, Umwelt und Sicherheit. Dass es Experten gibt, die auf politisch relevanten Gebieten Wichtiges zu sagen haben, ist unbestreitbar.

Doch letztlich geht es bei demokratischen Entscheiden stets auch um Werte, Emotionen, Erfahrungen und Erwartungen. Die Sphäre des Politischen entzieht sich damit weitgehend der Objektivierbarkeit. Das ist keineswegs zu bedauern, denn der mit Sachlichkeit und Herzblut geführte Streit um unsere Gemeinwesen ist das Lebenselixier der Demokratie, er ist die Grundlage ihrer Legitimität. Wo demokratisches Leben zur Routine erstarrt, steht es auf tönernen Füssen.

Letztlich läuft die im vorliegenden Beitrag vertretene Kritik an der Epistokratie auf eine grundlegende Infragestellung der vorherrschenden Sicht der Informationsbeschaffung in der Demokratie hinaus. Die in den rein repräsentativen Systemen dominierende epistokratische Sichtweise legitimiert die Machtkonzentration bei

Parlament und Exekutive mit dem vermeintlich chronischen Informationsdefizit der Mehrheit. Damit verbunden ist die mehr oder weniger offen ausgesprochene Sehnsucht nach einer kontrollierten Verabreichung von Information ohne Wettstreit der Meinungen. Es gibt jedoch gute Gründe, die Kausalität in dieser Frage umzudrehen. Pointiert ausgedrückt: Information wird auch in der Politik vor allem dort erzeugt, wo neue Fragen auftauchen; indem der demokratische Streit solche Fragen überhaupt erst aufs Tapet bringt, produziert er zusätzliche Information und ermöglicht neue Antworten auf wichtige Fragen zur Gestaltung von Gegenwart und Zukunft.

«Wer das Streitgespräch als Essenz der Bildung» betrachte, so argumentierte der amerikanische Historiker Christopher Lasch bereits Mitte der 1990er Jahre, der werde in der Demokratie «zwar nicht das effizienteste, aber das am meisten bildende Instrument der Politik erkennen müssen.» Es sei das Verdienst der Demokratie, dass sich «der Zirkel der Debatte» ausweite und «sämtliche Bürger dazu gezwungen» würden, ihre Sichtweise nicht nur zu artikulieren, sondern sie dem Risiko des Widerspruchs und der Widerlegung auszusetzen.[20] Dagegen fördert die Epistokratie eine Kultur der verordneten Information. Mit ihr sollen die unterschiedlichen Erfahrungen, Werte und Interessen einer Gesellschaft im Namen einer einzigen höheren Wahrheit überwunden werden. Wo sich diese Ideologie in den Institutionen eines

---

[20] Christopher Lasch, *The Revolt of the Elites*, New York (W. W. Norton), 1995, S. 171. Zum Thema der Informationsgewinnung in der Demokratie vgl. ausserdem die wichtigen Beiträge der Yale-Politologin Hélène Landemore, beispielsweise in Iason Brennan und Hélène Landemore, *Debating Democracy: Do we Need More or Less?* Oxford (Oxford University Press, 2022), Kapitel 5 – 8.

Landes festsetzt, öffnen sich die Schleusen für einen auf Scheinwahrheiten gebauten Totalitarismus.

Fehlbarkeit und Toleranz als Wesensmerkmale gewaltfreier offener Gesellschaften

Philippe Schultheiss

Das Wesen der offenen Gesellschaft und das Wesen der Wissenschaft sind aufs Engste miteinander verbunden. Ich stelle hier die These auf, dass sie *genetisch* miteinander verwandt sind: Ihr gemeinsamer Ursprung ist der Drang nach Freiheit. Es ist ein gepaarter Drang, *Freiheit von* ererbten Gesetzen und Mythen, und *Freiheit zur* Anpassung der Regeln und Denkmuster an neue Bedürfnisse und Begierden. Dieser Drang nach Freiheit fungierte als parentale Urzeugenschaft, als Stammeltern-Initiierung für die gesamte weitere kulturelle Entwicklung und nährte über die Jahrtausende die Ideale der offenen Gesellschaft und der freien Wissenschaft.

Die *Genesis* des Gesellig-Seins und des Erkennen-Wollens, dies meine Behauptung, ist eine und dieselbe. Es ist deswegen naheliegend, die offene Gesellschaft und die Wissenschaft nicht als konträre, zuweilen antagonistische Sphären zu betrachten, sondern sich ihrer gemeinsamen ideengeschichtlicher Wurzel und Herkunft zu besinnen und davon abgeleitet Prinzipien für ein gedeihliches Miteinander abzuleiten.

Die Kenntnis dieser Prinzipien, die ich im Folgenden skizziere, vermag hoffentlich die Einsicht zu befördern, dass Absolutheitsansprüche und Diskursunterbindungen eine grosse Gefahr nicht nur für die Weiterentwicklung unserer Kultur, sondern gar für deren Fortbestand darstellen. Denn die offene Gesellschaft ist nicht als

ein erreichter Zustand zu betrachten, sondern als ein stets
von Neuem zu behauptendes und beanspruchendes Re-
gulativ, das ebenso wenig sich selbst erhält, wie dies andere kulturelle Errungenschaften tun können. Ohne
Menschen, die behaupten und Ansprüche stellen, verkümmert die Offenheit gesellschaftlicher Organisation
zu einem denkmalgeschützten Amphitheater mit Schlies-
sungszeiten und Eintrittspreisen.

In einem ersten Teil dieses Aufsatzes gebe ich einen kurzen historischen Abriss, in einem zweiten, «analytischen» Teil stelle ich dar, wie die zuvor präsentierten
Konzepte im heutigen Kontext aufzufassen und zu be-
herzigen sind.

Polis und Wissenschaft

Die Anfänge der europäischen Wissenschaftsgeschichte
liegen ebenso im antiken Griechenland, wie die Anfänge
dokumentierter demokratischer Staatsformen. Die Ex-
pansions- und Erfolgsgeschichte des griechischen Stadt-
staates (Polis), allen voran Athens, sowie des rationalisti-
schen wissenschaftlichen Denkens sind zeitlich und geo-
graphisch zu eng miteinander verknüpft und institutio-
nell zu stark aufeinander bezogen, als dass die Behauptung einer nur zufälligen Parallelität vernünftig wäre.
Vielmehr ist die These sinn- und gehaltvoll, dass die Wissenschaft und die Demokratie gemeinsame Erfolgs-Vo-
raussetzungen haben. Zu diesen Voraussetzungen gehören neben anderen:

- ein sozialer Raum für den Austausch, wie ihn die
  «Agora», der öffentliche Versammlungs- und
  Marktplatz, bot;

- eine Verhandlungskultur, die nicht mit Waffen, sakralen Gegenständen oder ähnlichem, sondern mit Worten und Argumenten hantierte;

- damit eng verbunden die Akademie Platons, welche den «Agon» (Streit) als Kooperation zum gemeinsamen Erkenntnisgewinn und nicht mehr als Kampf zum Besiegen und Töten verstand;

- die Herausbildung einer Reihe von gleichberechtigten Bürgern, die sich in die Debatten einbringen und mitentscheiden durften;

- die Säkularisierung und Enttabuisierung ehedem heiliger Sphären: für die Erklärung von Naturphänomenen beispielsweise musste nicht mehr einfach nur das Einwirken transzendenter Gottwesen hinhalten, sondern (auch) Elemente wie Wasser, Feuer, Erde und Luft respektive immanente Naturgesetze erhielten diese Funktion zugestanden.

Indem also die Tradition in Frage gestellt und «agonal» weiterentwickelt werden durfte, emanzipierte sich der gesellschaftliche Diskurs von Religion und Hierarchie. An die Stelle unverrückbarer, häufig priesterlich verordneter Glaubenssätze rückten – zumindest was die theoretische Sphäre betrifft – fehlbare Thesen von gleichberechtigten Gesprächspartnern. In der Praxis, das heisst auch im täglichen Leben, herrschte hingegen noch weitgehend Sittenzwang – eine innere Freiheit und einen offenen Pluralismus der Lebensformen gab es noch nicht.

Trotz dieser Einschränkung: Die sokratische Interrogationspraxis oder die aristotelische Methodisierung der Wissenschaft hätte ohne den kulturellen Hintergrund der athenischen Demokratie nicht den Jahrtausende überdauernden Widerhall gefunden. Dass dazu auch eine wirtschaftliche und militärische Überlegenheit gehörte, wäre eigentlich mehr als nur eine Randnotiz wert: Flache Hierarchien und wirtschaftliches Gedeihen gehen in der Regel Hand in Hand.

Institutioneller Kulturtransfer mit Rückschlägen

Die in der Antike wurzelnde Tradition des offenen Diskutierens und Beschliessens unter freien und gleichen (sowie wohlhabenden) Männern überlebte alle Unbill der Zeiten. Viele der antiken Schriften und Ideen sind uns auch heute noch bekannt, trotz Völkerwanderungen, Totalitarismen und wiederholter Versuche im Grossen wie im Kleinen, ererbtes Wissen aus ideologischen Gründen für immer zu tilgen.

Einen wesentlichen Beitrag leisteten die Klöster und Kirchen, aus deren Strukturen sich bald einmal Stifts- und Domschulen entwickelten und die zur Entstehung der ersten Fakultäten ab dem 11. Jahrhundert führten. Daraus gingen ab dem 12. Jahrhundert die Universitäten im Sinn von Lehr- und Lerngemeinschaften hervor, die sich gegen politische Verzweckungs- und Kontroll-Absichten der Machthaber abgrenzten. Das hohe und späte Mittelalter wurde somit zu einer Blütezeit der geistigen Entwicklung und verdient in keiner Weise jene düster-dunklen Attribute, welche ihm bis heute nicht nur populärwissenschaftlich zugeschrieben werden.

Die Scholastik, als hoch strukturierte, durchaus auch einengende Standard-Methodik und zum Epochenbegriff geworden, bereitete den Boden für die Entfaltung der wissenschaftlichen Bildung und Forschung im modernen Sinn. Fehlbarkeit wurde auf diese Weise zum ersten Mal seit der athenischen Akademie wieder dauerhaft institutionalisiert: Das methodische Argumentations- und Widerspruchsverfahren ergibt nur Sinn, wenn und weil davon ausgegangen wird, dass zumindest gewisse Fragen a priori ergebnisoffen sind sowie wenn und weil zumindest gewisse Ein- und Widersprüche zensurfrei debattiert werden.

Es kann dies somit als frühes Gegen-Modell zur heutigen «Cancel Culture» betrachtet werden: Abweichende Meinungen wurden in dem Sinn toleriert, als sie nicht aus dem Diskurs ferngehalten wurden, sondern mit Gegenargumenten (oder zuweilen auch einfach plump mit Bibelzitaten) für unhaltbar befunden wurden. Gegenüber dem mit Fäusten und Waffen ausgetragenen «Agon» – in der mittelalterlichen Lebens- und auch Universitätswelt weiterhin sehr gegenwärtig – ein eklatanter Fortschritt. Verschwiegen werden darf allerdings auch nicht, dass es immer wieder zu einschneidenden offiziellen Lehrverurteilungen gekommen ist, was nichts anderes als inneruniversitäre Zensur darstellte.

Institutionalisierung demokratischer Strukturen

Parallel zur Ausbildung der akademischen Diskursräume entstanden auch politische Strukturen, welche sich an Prinzipien von Freiheit und Gleichheit orientierten, wenn auch noch lange nicht im heutigen binnenpluralistischen Sinn: Frei und gleich sind in den Urlanden der Eidgenossenschaft nur vergleichsweise wenige Privilegierte, der Grossteil der Bevölkerung ist von der politischen Mitbestimmung ausgeschlossen. Die hehren Ideale der Gleichheit und Gleichwürdigkeit aller Menschen, wie sie sich spätestens seit der Aufklärung die sich revolutionär gebarenden Staatswesen auf die Fahnen schrieben, harrten noch mehrere Jahrhunderte der politischen Verwirklichung.

Die schlimmsten Rückschläge erlebte die abendländische Offenheits- und Toleranzkultur dabei erst im 20. Jahrhundert, als ganzen Ethnien die Existenzberechtigung abgesprochen wurde. Eine grössere Abkehr von den athenischen Demokratieprinzipien ist kaum denkbar: Nicht nur die Mit-Sprache, sondern auch das Mit-Einander wurde entzogen, der zuvor offenen und a priori allen (männlichen) Bewohnern zugängliche öffentliche Diskurs- und Aktionsraum geschlossen und nur noch als «Club» einiger Auserwählter gehandelt. Die Fahrstrecke von den zentral verantworteten Lehrverboten an deutschen Universitäten der 30er- und 40er-Jahre bis zu dezentral wütenden Rede-Unterbindungen in der heutigen globalisierten Akademie ist auf der ideologischen Ebene beinahe ohne Umsteigen zu bewältigen. So wie früher die «falsche Herkunft» Anlass zum Ausschluss bot, tut dies heute die «falsche Haltung».

Toleranz der Vielfalt

«Falschheit des Absenders», die nur mit dessen Selbstverleugnung überwunden werden könnte, ist in allen geschlossenen Strukturen das Ausschluss-Kriterium, um die Norm zu begründen. Normal ist, wer «richtig» denkt, «richtig» ist, «richtig» wählt, und so weiter. Abweichungen werden nicht toleriert. Diese ideologische Ebene des Aus- und Abschliessens wird, psychologisch gesehen, von verkrampfter Verunsicherung verwaltet. Angesichts von festgestellter Andersartigkeit und unüberblickbarer Vielfalt erfolgt der kontrollierende Reflex verkrampfenden Schliessens: der Ohren, der Augen, des Denkens, des Diskurses, des Diskursraumes, schliesslich der Politik und Gesellschaft.

Die Folgen sind im besten Fall Widerstand und Ausweich-Manöver, im Extremfall politischer Aberrationen hingegen gesamtgesellschaftlich zementierte Einheitlichkeit: Das Einheits-Grau in den Grundsätzen politischer Strukturen verschliesst sich der Buntheit der Bedürfnisse, Ideen, Stile und Moden, die mit jeder Generation revoltierenden Nachwuchses neu hervorbrechen. Einzig Toleranz gegenüber vorderhand irritierender Phänomene verhindert aber die Entstehung gefährlichen Überdrucks jugendlichen Gärens und Aufbegehrens. Spätestens seit der 68er-Generation hat sich die pluralistische Buntheit als Quasi-Menschenrecht in westlich orientierten Gesellschaften verankert – es käme in der aktuellen Lage kaum einer liberaldemokratischen Behörde mehr in den Sinn, neue Musikstile, Tanz-, Wohn- und Zusammenlebensformen zu verbieten.

In diesem ersten Teil versuchte ich also, zentrale Entwicklungslinien der offenen Gesellschaft bis heute zu skizzieren. Zentraler Aspekt der in allergrösster Kürze geschilderten Phänomene und Institutionen ist die Toleranz: Das Zulassen, ja Ertragen (vgl. lat. tolerare: erdulden, ertragen) von Dingen, die man nicht teilt – seien es Argumente, Ansichten oder Lebensformen.

Im zweiten Teil sollen die präsentierten Leitkonzepte – quasi die Protagonisten des grossen Welttheaters namens «Geschichte des freien Geistes» – näher ausgeleuchtet werden. Um dieses Ziel zu erreichen, beginne ich ebenfalls wieder mit einer These genetischer Verwandtschaft zweier Konzepte. Dies erlaubt es mir, im Sinn einer kleinen «Familienaufstellung» die engen

Bezüge zwischen der Wissenschaft und der Politik aufzuzeigen, welche damit erst jene Stringenz und Nach-
vollziehbarkeit erhalten, die sich in den Geschehnissen
der jüngsten Vergangenheit und fortschreitenden Gegenwart so augenfällig und aufdringlich erweisen.

Begriffliche Zwillinge

Meine These ist, dass «offene Gesellschaft» und «liberale
Demokratie» eineiige Begriffs-Zwillinge sind: Sie entstammen dem selben *Grundgedanken einer evolutiven
Organisation politischer Zusammenschlüsse.* Dieser
Grundgedanke ist Ausdruck des Willens, Veränderung
und Vielfalt zuzulassen, oder zu ertragen, falls sie einem
zuwider ist.

Gesellschaftliche Veränderungen und Vielfalt
sind Gegenkonzepte zur erwähnten zementierten Einheitlichkeit. Meistens wohnt dem politischen Uniformi-
tätskonzept eine strikte Hierarchisierung inne. Veränderung und Vielfalt hingegen gehen Hand in Hand mit or-
ganischer Gestaltung, mithin nur auf das Nötigste be-
schränkter zentraler Lenkung.

Das Bild eines Lebewesens mit seinen verschiedenen Organen ist eine passende Veranschaulichung für
den politischen «Körper»: Es sollte sich kein Organ, keine
Instanz überheblich und rücksichtslos gegen die anderen
durchsetzen können. Die Willensbildung – «Wo stelle ich
meinen Fuss als nächstes hin?», «Welche Speise nehme
ich als nächstes zu mir?» – sollte nicht einem einzigen Organ übertragen werden, wenn keine Ungleichgewichte
im Organismus riskiert werden wollen. Ebenso wenig
wie die Einwände von Vernunft und Bauch gegen die
Versuchung oder das Angebot eines weiteren Drinks

oder eines weiteren Pralinés durch Lust und soziale Gefälligkeitssucht übersteuert werden sollten, ebenso wenig ist es «gesund», wenn in politischen Fragen entgegen der grundsätzlichen Einwände relevanter Gesellschaftsgruppen nur eine oder wenige Instanzen oder Gremien die Entscheide treffen.

Mit Blick auf die jüngste Schweizer Politikgeschichte ist es naheliegend anzunehmen, dass die Akzeptanz und Befolgung bundesrätlicher Entscheide um Einiges grösser gewesen wäre, wenn sich die oberste Behörde bei der Festlegung ihrer Corona-Politik nicht auf eine intransparent und unter Umgehung demokratischer Prinzipien zusammengesetzte Naturwissenschafts-Task Force abgestützt hätte, welche teilweise mit überheblichen und rücksichtslosen Aussagen in der Öffentlichkeit aufgetreten ist.

Organisches Verständnis

Das Verständnis einer Gesellschaft als eines in diesem Sinn organischen Gebildes orientiert sich somit bewusst am anthropologischen Befund der Organhaftigkeit. Damit verbunden ist die Einsicht in die von divergierenden Interessen geleitete Bedingtheit des Menschen («condition humaine»). Keineswegs darf aber diese «Orientierung an» mit einer «logischen Fundierung auf» gleichgesetzt werden, ansonsten würde der naturalistische Fehlschluss begangen, der von einem Sein-Befund eine Sollen-Behauptung ableitet.

Beabsichtigt ist vielmehr eine Plausibilitäts-Fundierung für diejenige Gesellschaftsform, welche ich als *evolutive Organisation menschlicher Zusammenschlüsse* bezeichnet habe. Fundament ist der *Mensch* mit seinen

vielfältigen und nicht immer logisch kohärenten Bedürfnissen und Interessen. Dieser *schliesst sich* mit anderen
Menschen *zusammen*, woraus ein nicht mehr ohne
Schmerz oder Tod zu trennendes Ganzes entsteht (das
fortan gewisse Entscheide zusammen *be*-schliessen
muss). Dieses Ganze *organisiert sich*, ohne eine apriorisch erkennbare Hierarchisierung, eben *als eine Organisation*, deren Organe sich funktional aufeinander bezogen verstehen, also mit klaren Aufgabenzuweisungen.
Diese Organisation schliesslich sei *evolutiv*, also einer
Weiterentwicklung offen, die keinem vorgezeichneten
Pfad hin zu einem vorgegebenen Ziel folgt.

Auf diesem theoretischen Fundament gründe ich
meine These der begrifflichen Verwandtschaft. Man mag
es in einem deskriptiven Sinn auch *ideologisches* Fundament nennen: Meinen Ausführungen liegt das aufgeklärte Ideal des autonomen Menschen zugrunde, der die
ultimative Legitimitätsquelle in sich selber, also in seinem ureigenen volatilen Willen und nicht in abstrakten
Logiken findet.

Dieser parentalen Zeugenschaft also entstammen
die Leitbegriffe der «offenen Gesellschaft» und der «liberalen Demokratie», die ich hier aufgrund ihrer engsten
Verwandtschaft als synonyme Begriffe verwende. Natürlich können Differenzierungen gemacht werden, insbesondere was die unterschiedlichen Bezugsebenen von
(Zivil-)Gesellschaft und Staatsform angeht. Da ich es aber
nicht für denkbar halte, das eine ohne wesentliche Ge-
halte des anderen zu verwirklichen, liegt es nahe, mit der
Annahme extensionaler Identität zu arbeiten. Damit ist
gemeint, dass die Extensionen, also die Begriffs-Anwen-
dungen, identisch sind: Ein Gebilde, auf welches der

Begriff «offene Gesellschaft» zutrifft, ist immer auch eine «liberale Demokratie» – und umgekehrt.

Fehlbarkeit statt Verabsolutierung

Die freiheitliche, offene, demokratische Gesellschaft setzt sich aus unüberblickbar vielen Menschen mit ihren je eigenen Bedürfnissen zusammen. Sie setzt sich nicht aus kohärenten wissenschaftlichen Thesen und Paradigmen zusammen. Die liberale Gesellschaft besteht aus fehlbaren Menschen, die heute A sagen und morgen das Gegenteil von A. Die offene Demokratie setzt nicht die Vorstellungen und Behauptungen allwissender Experten absolut, die den zukünftigen Zustand der Welt vorhersagen können, sondern sie fundiert ihr Tun und Lassen auf den aggregierten Bedürfnissen der Bevölkerung.

Gerade um diesen zukünftigen Zustand der Welt (oder zumindest unserer näheren Umgebung) soll und muss es uns aber gehen, solange wir uns als autonome Menschen verstehen, die unsere eigenen Wünsche und Bedürfnisse erfüllen möchten. Der Weg zum künftigen Zustand führt über den Austausch von Meinungen und Ideen. Sowenig wie wir wissen und festlegen wollen, was wir heute in einem Jahr für Kleider anziehen, so wenig wollen und können wir sagen, welche Regeln in zehn Jahren gelten sollen. Ja, wir können noch nicht einmal wissen, welche Rahmenbedingungen dannzumal herrschen werden.

Diese Ungewissheit mag Menschen und Gruppierungen dazu verführen, sich rigide Vorstellungen einer Gesellschaft zu machen, in welcher die wesentlichen Regeln fix vorgegeben sind, sei es, weil sie im Geschichtsverlauf Gesetze zu erkennen meinen, sei es, weil sie ihre

eigene Vorstellung des «Höchsten Gutes» umzusetzen
trachten. Solche historizistischen, teleologischen, deter-
ministischen, absolutistischen (oder wie man sie auch immer nennen mag) Politideologien kursieren, seit es Menschen gibt, die über die Geschichte reflektieren. Das ist
nicht an sich problematisch. Zum Problem werden solche
Ansichten erst dann, wenn sie sich hermetisch gegen Widersprüche abriegeln, und gefährlich werden sie, wenn
sie eine politische Schlag- und Durchsetzungskraft gewinnen, welche andere Ansichten auszumerzen droht.

Warum aber ist es überhaupt gefährlich, wenn andere Ansichten ausgemerzt werden? Vielleicht irren sich
deren Vertreter ja und das Ausmerzen dient ganz einfach
dazu, der (absoluten) Wahrheit zum Durchbruch zu verhelfen? Das wäre doch ein schönes Ziel, und wer, wenn
nicht «die Wissenschaft», wäre dazu berufen, diesen
«Durchbruch» zu erzielen?

Gut, dass diese Fragen gestellt werden dürfen!
Noch besser, dass auch gesagt werden darf, dass sie
ziemlich abwegig sind. Sie sind deswegen abwegig, weil
sie von einer höchst problematischen Prämisse ausgehen:
Es gibt nämlich keine Quelle, der wir unhinterfragt absolut Wahres entnehmen können.

Gefährlicher Kollaps von Diskursräumen

Sehr viel dessen, was aktuell in gewissen Medien, zum
Beispiel auf amerikanischen Videoportalen und sozialen
Medien geschieht, basiert aber auf der irrigen Annahme,
dass es doch so etwas wie eine Quelle absoluter Wahrheit
gebe. Beiträge, welche Informationen aus jener vermeintlichen Urquelle widersprechen, oder diese auch nur in
Frage stellen, werden gelöscht, ohne dass überhaupt

Kontakt mit den Urhebern gesucht wird. Ich war lange vorsichtig mit der Beurteilung solcher Handlungen, komme mittlerweile aber nicht umhin zu denken, dass es sich hier um willkürliche Zensur handelt.

Zur Rechtfertigung solcher «Cancel Culture» – Lösch-*Un*-Kultur wäre treffender – wird gerne angeführt, dass Fehlinformationen verbreitet würden. Müsste mit diesem simplen Kriterium aber nicht auch der Bundesrat selber zensiert werden? Oder jede Zeitung mit Korrigendum? Denn es ist mittlerweile ja sogar bundesgerichtlich festgehalten, dass unsere eidgenössische Regierung in einer Abstimmungsbroschüre falsch informiert hat. Und ein Korrigendum belegt explizit, dass in einer vorherigen Ausgabe etwas Falsches verbreitet wurde.

Dass es Fehlinformationen gibt, ist nicht an sich problematisch. Denn wo Menschen denken und sprechen, können sie auch irren. Es ist gerade ein Proprium des Menschen, fehlbar zu sein. Problematisch ist, wenn die Räume kollabieren, in welchen Falsches widerlegt werden kann und Wahres bestätigt, wenn also Fehlbarkeit wegdefiniert wird. Dies zeigte sich in besonderer Weise und mit unerwarteter Intensität während der ersten Corona-Monate: Behörden und Medien hatten den Kollaps zahlreicher offener Diskursräume mitverantwortet und sahen sich mit vielen neuen, meist unmoderierten Kanälen und Räumen konfrontiert, welche die Kriterien einer offenen Debatte zwar meistens ebenfalls nicht erfüllten, aber in welchen gewisse Meinungen überhaupt erst zu Wort kommen und wo kritische Fragen gestellt werden durften.

Um sich der Feststellung zu nähern, was falsch ist und was wahr, braucht es unbedingt über die gesamte gesellschaftliche Breite hinweg eine offene Debatte, die sich dadurch auszeichnet, dass das Resultat nicht von vornherein klar ist. In ganz besonderer Weise gilt dies bei politischen Fragen, wo es dann nicht um Wahrheit oder Falschheit, sondern um Erwünschtheit oder Nichterwünschtheit geht. Antworten auf politische Fragen lassen sich nicht wissenschaftlich erzeugen, sie entstehen nicht aus den Wirbeln sozialmedialer Entrüstungsstürme und sie entsteigen auch nicht wie ein Phoenix aus der Asche abgebrannter Autos. Solche Antworten müssen unter fairer Beteiligung aller Diskurswilligen entwickelt werden, egal welcher Herkunft sie sind, welcher Ideologie sie anhängen oder welchen Impfstatus sie haben.

Toleranz gilt für alle

Dies ist eines der zentralen Argumente gegen die offene oder subtile Einschränkung der Rede und des Ausdrucks: Gerade weil wir als fehlbare Menschen nicht abschliessend wissen können, was absolut wahr ist, braucht es einen freien Austausch von vielfältigen Meinungen und Argumenten. Selbsternannte Verteidiger der Toleranz vergessen leider zu häufig, dass diese Toleranz für alle Argumente und Standpunkte zu gelten hat, nicht nur für die eigenen.

Wer sich als Freund einer offenen Gesellschaft[1] betrachtet und für Menschenrechte einsteht, muss allen anderen Menschen auch das Menschenrecht auf freie Meinungsäusserung zugestehen. Dazu gehört, dass andere Meinungen, so provokativ sie auch seien, nicht mit der Moralkeule ethisch eliminiert, ja auch nicht in entrüsteten Stellungnahmen mit Kaskaden von Ausrufezeichen

---

[1] Ausdruck in Anlehnung an den Titel des Buchs *Die offene Gesellschaft und ihre Feinde* von Karl Raimund Popper.

beworfen werden. Messlatte darf auch nie die Empfindsamkeit einiger weniger sein, denn sonst dürfte bald gar nichts mehr gesagt werden: Bei jeder Aussage fühlt sich ja irgendeine Gruppe beleidigt oder diskriminiert, auch wenn die Aussage noch so harmlos ist wie zum Beispiel «Es ist bewiesen, dass Gott nicht existiert», «Fleisch essen ist unethisch» oder «die Kapitalisten sind schuld an der Umweltzerstörung». (Wenn eine Aussage darüber hinaus noch Mindeststandards differenzierten Denkens entsprechen müsste, um geäussert werden zu dürfen, dann würde es bald totenstill in unseren Strassen werden.)

Wer glaubhaft für eine offene Gesellschaft oder eine freie Wissenschaft einsteht, sollte also nicht Andersdenkenden wegen unliebsamer Aussagen den Mund oder die Sendezeit verbieten, sondern sich dafür einsetzen, dass deren Meinung frei und unverfälscht gehört werden kann.[2] Damit wir uns als vernünftige Menschen ein eigenes Urteil bilden können.

Das Eingeständnis von Fehlbarkeit ist somit ein konstitutives Merkmal offener Diskursräume, welche zu schaffen und erhalten zentrales Anliegen der Wissenschaft im Besonderen und der liberalen Demokratie im Allgemeinen sein muss. Als Prüffrage können wir alle uns stellen, die wir uns für wissenschaftlich denkende Freunde einer offenen Gesellschaft halten: Unterstelle ich nicht nur dem anderen, daneben zu liegen, sondern kalkuliere ich dies immer auch in meinen eigenen Aussagen mit ein?

---

[2] Eine Einschränkung der Redefreiheit muss aber natürlich bei jenen Reden gemacht werden, die zu einer direkten Schädigung (engl. harm) führen können, zum Beispiel bei Aufwiegelung oder Aufruf zum Mord. Dies ist das sogenannte «harm principle», welches John Stuart Mill in seinem Buch *On Liberty* präsentiert hat.

Fehlertoleranz gegenüber seinen Nächsten wie gegenüber sich selbst. Dies ist das säkulare Gebot für ein Zusammenleben in Gewaltlosigkeit und Freiheit, mithin für den Fortbestand der Kultur. So paradox es tönen mag – grosse Einsichten sind meistens paradox! –, wer die reine Wahrheit anstrebt, wird sie verfehlen, wer aber seinen absoluten Wahrheitsanspruch um der Wahrheit willen aufgibt, wird zum guten und friedlichen Leben finden. Die Grundeinsicht in das gemeinsame Wesen von Wissenschaft und offener Gesellschaft ist somit: Fehlbarkeit ist ihr Gesetz, Toleranz ihr Gebot, und Freiheit ihr Gewinn.

AUSBLICK

Varianten des Autoritätsvirus

Margit Osterloh und Bruno S. Frey

Das Zeitalter der antiautoritären Bewegungen scheint endgültig vorbei zu sein. Nicht nur sind demokratische Regimes international im Rückzug und autoritäre Regierungen erleben einen Aufschwung – man denke an Brasilien, Ungarn oder Polen. Auch bei uns wurde in der Corona-Zeit eine fast widerstandslose Selbstentmündigung des Souveräns hingenommen. Fundamentale Grundrechte wurden mit hohen Zustimmungsraten massiv eingeschränkt.

Viele Bürger glauben, dass in Krisenzeiten «starke» Regierungen gefordert sind, etwa nach dem Vorbild Singapurs oder Chinas.[1] Grosse Teile der Linken und der Grünen wollen uns mit Verboten und Vorschriften eindecken – man denke an das teilweise Verbot zum Verzehr von Fleisch oder die Diskussion um autofreie Sonntage. Interessanterweise kommen solche Vorschläge meist von denjenigen, welche einst die Parole «Macht aus dem Staat Gurkensalat» ausgaben.

Neuerdings kommen informelle, aber dennoch höchst wirksame Sprechverbote durch die «woke»-Aktivisten hinzu. Selbsternannte intellektuelle Eliten praktizieren einen «weichen Totalitarismus», bei welchem im

---

[1] Osterloh, M. (2021). Das Autoritätsvirus in Politik, Wissenschaft und Medien In: Zerreissproben, Leitmedien, Liberalismus und Liberalität. Stephan Russ-Mohl und Christian Pieter Hoffmann. Köln: Herbert von Halem Verlag. 2021. S. 63-68. https://www.halem-verlag.de/zerreissproben/
Frey, B.S. und Osterloh, M. (2022). Coronavirus: Die Stunde der benevolenten Diktatoren. In: Beck, K., Kley A., Rohner, P. und Vernazza, P. (Hrsg.) *Der Corona-Elefant. Vielfältige Perspektiven für einen konstruktiven Dialog.* Zürich: Versus Verlag, 70-75.

Namen eines «höheren Bewusstseins» nicht nur die Deutungshoheit über die öffentliche Meinung beansprucht wird. Vielmehr werden – so an der ETH Zürich und an den Universitäten Frankfurt und Hamburg – unliebsame Politiker und sogar Wissenschaftler ausgeladen oder am Sprechen gehindert.

In diesem Beitrag behandeln wir Formen der Autorität, die als Denk-, Sprech- und Handlungsvorschriften selten als solche wahrgenommen werden: Institutionelle Autorität in der *Wissenschaft* und in der *Wirtschaft*. Den Begriff der Institution verstehen wir hier in einem weiten Sinne, nämlich als die formellen und informellen Spielregeln einer Gesellschaft, welche Anreizstrukturen für das politische, wirtschaftliche oder gesellschaftliche Zusammenspiel festlegen.[2]

Das Autoritätsvirus in der Wissenschaft

In der Vergangenheit haben die Kirchen den Menschen enge moralische Regeln des Denkens, Sprechens und Handelns auferlegt. Heute hat diese Art von Autorität stark an Bedeutung verloren. Ihre Funktion hat zum grossen Teil der sich in den sozialen Medien etablierte «Zeitgeist» übernommen. Dieser macht auch vor der Wissenschaft nicht halt, obwohl doch hier der «organisierte Skeptizismus»[3], d.h. der kritische Diskurs und der Streit um das bessere Argument seine Heimstatt haben sollte.

---

[2] North, D.C. (1992) *Institutionen, Institutioneller Wandel und Wirtschaftsleistung*. Tübingen: Mohr.
[3] Merton, R. K. (1973). *The Sociology of Science: Theoretical and Empirical Investigation*. Chicago, IL: University of Chicago Press.

Im Gegensatz dazu hat sich in den USA und neuerdings auch in Europa (inkl. der Schweiz) der Anspruch auf «safe spaces» breitgemacht, d.h. diskussionsfreie Schutzzonen für einzelne – sich diskriminiert fühlende – Gruppen. Die britische Professorin Kathleen Stock trat zurück, weil sie von der Trans- und Queer-Community massiv beschimpft wurde. Sie – eine dezidierte Feministin – bestreitet, dass das Geschlecht von jedem Menschen frei gewählt und daraus Rechte abgeleitet werden können. Es handelt sich also um eine Art Diskussionsverbot über die Frage, inwieweit Geschlecht biologisch determiniert ist.

Eine Umfrage an der Universität Frankfurt hat ergeben, dass – je nach Thema – zwischen zwanzig und vierzig Prozent der Studierenden Beschränkungen der freien Rede an der Universität befürworten. So sprachen sich ca. 33 Prozent dafür aus, dass Personen von der Lehre ausgeschlossen werden sollten, die biologisch determinierte Fähigkeits-Unterschiede zwischen Männern und Frauen als gegeben betrachten.[4]

An der ETH Zürich hat sich der Rektor bei der asiatischen ETH-Community für die Folie eines Professors entschuldigt. Darin hat dieser erwähnt, dass ein bestimmter Algorithmus für die Anwendung auf Tiere (etwa Hühner und Schweine) und auf Menschen (etwa Chinesen und Kriminelle) anwendbar sei. Die Folge waren Morddrohungen. Die ETH hat nicht etwa den Profes-

---

[4] Revers & Traunmüller (2020). Meinungsfreiheit an der Universität. *Kölner Zeitschrift für Soziologie und Sozialpsychologie.* Springer Verlag. https://link.springer.com/article/10.1007/s11577-021-00758-8

sor und die Wissenschaftsfreiheit verteidigt, sondern teilte mit, dass sie sich von der Folie distanziere.[5]

Rankings: Ausdruck wissenschaftlicher Autorität

Eine andere Form des Autoritätsvirus in der Wissenschaft ist die Überantwortung von Qualitätsbeurteilungen an eine externe Instanz in der Form von Rankings. Es sind dies Rankings von Zeitschriften, in welchen wissenschaftliche Arbeiten veröffentlicht worden sind.

Rankings suggerieren, dass ein Argument oder Forschungsergebnis in einer hochrangigen Zeitschrift besser seien als solche, die in Journals mit einem geringeren «impact factor» veröffentlicht wurden. Der «impact factor» gibt an, wie oft die in einem Journal veröffentlichten Beiträge im Durchschnitt innerhalb eines bestimmten Zeitraumes zitiert werden. Weil sich dieser Durchschnitt aus sehr wenigen hoch zitierten und vielen wenig oder kaum zitierten Aufsätzen errechnet, sagt er nichts über die Qualität eines einzelnen, in dieser Zeitschrift veröffentlichten Arbeit aus.

Das Qualitäts-Mass «impact factor» ist also unsinnig. Dennoch wird es in vielen Disziplinen angewendet[6] und bildet die Grundlage von Rankings. Diese stellen heute wissenschaftliche Autorität dar, obwohl sie in mehrfacher Hinsicht unwissenschaftlich sind.

Erstens verlässt sich die Fachgemeinschaft der Wissenschaftler nicht mehr auf ihr eigenes Urteil, son-

---

[5] Roth, J. (2022). Cancel-Culture an der ETH: Ein Professor erhält Morddrohungen wegen einer Vorlesungsfolie. https://www.nzz.ch/schweiz/shitstorm-an-der-eth-ein-professor-erhaelt-morddrohungen-ld.1673554?reduced=true

[6] Osterloh, M. und Frey, B.S. (2020). How to avoid borrowed plume in academia. *Research Policy* 49 103831.

dern auf eine externe Autorität, die es angeblich besser weiss. Die eigene Überprüfung einer wissenschaftlichen Arbeit und die Verantwortung hierfür gibt es kaum noch. Zweitens ersetzen Rankings die Vielfalt der Meinungen durch hierarchische Einfalt. Sie stellen eine eindimensionale Ordnung her. Der Widerstreit der Meinungen, der zum Wesen wissenschaftlicher Arbeit gehört, unterbleibt oder wird stark abgeschwächt. Drittens führen derartige Rankings in der Mehrheit aller Fälle auch noch zu grob irreführenden Qualitäts-Einschätzungen.

Um so erstaunlicher ist es, dass Rankings grossen Einfluss auf Karriereentscheidungen, Status und Ressourcenzuteilung haben: Wer zum Beispiel in der international orientierten Wirtschaftswissenschaft eine akademische Karriere verfolgt, muss unbedingt Publikationen in referierten Fachzeitschriften vorweisen, die im Ranking oben stehen.

Im Gegensatz zu früher, als eine Dissertation in Form eines Buches verfasst wurde, müssen heute bereits Doktoranden mehrere derartige Publikationen vorweisen, damit sie promovieren können. So stehen Post-Doktoranden in der Ökonomik unter dem Druck, eine Publikation in einer «Top Five» Zeitschrift (d.h. der *American Economic Review*, dem *Quarterly Journal of Economics*, dem *Journal of Political Economy*, der *Review of Economic Studies*, *Econometrica*) vorzuweisen, wenn sie eine erfolgreiche akademische Karriere verfolgen wollen. Ausschreibungstexte für Assistenzprofessuren verlangen regelmässig Veröffentlichungen in «führenden internationalen Zeitschriften».[7]

---

[7] Heckman, JJ. and Moktan, S. (2020). Publishing and Promotion in Economics: The Tyranny of the Top Five. *Journal of Economic Literature*, 58 (2): 419-70.

Frey und Briviba[8] haben diesen Publikationsdruck an deutschsprachigen Universitäten empirisch erfasst und dargelegt, wie er in unterschiedlichen Positionen in der akademischen Hierarchie empfunden wird.[9] Dazu haben sie eine zufällige Stichprobe aus 16 deutschen Universitäten (acht «Exzellenzuniversitäten» und acht andere Universitäten), sechs österreichischen und sechs Deutschschweizer Universitäten gezogen. 558 Personen haben diese Umfrage vollständig beantwortet, davon 104 Doktorierende, 112 Post Docs, 110 Inhaber von Assistenzprofessuren *ohne* und *mit* fester Anstellung («tenure»), sowie 232 Professoren.

Bereits bei den Doktorierenden wird der Publikationsdruck von nicht weniger als 74 Prozent als «sehr dringend» oder als «dringend» verspürt. Die Notwendigkeit in akademischen Zeitschriften zu publizieren, ist somit bereits am Anfang des Doktoratsstudiums deutlich. Bei den Post Docs, die eine Hierarchiestufe höher angesiedelt sind, verspüren gar 82 Prozent einen deutlichen Zwang zum Publizieren. Noch höher wird der Publikationsdruck von Assistenzprofessoren ohne feste Anstellung empfunden.

Dieses akademische Karrieresystem ist zwar in letzter Zeit scharf kritisiert worden, etwa von Nobel-

[8] Frey, B.S., und Briviba, A. (2021). *The Role of the Top Five Journals in Germany.* https://papers.ssrn.com/sol3/papers.cfm?abstract_id=3827874

[9] Briviba, A., Scheidegger, F. und Frey, B.S. (2022a). Publish Under Pressure – An Empirical Analysis of Academics' Strategic Behaviour. Unveröffentlichtes Manuskript. https://losen-statt-waehlen.org/user/themes/losenstattwaehlen/assets/contentfiles/Berger,%20Osterloh,%20Rost%20and%20Ehrmann%202020%20How%20to%20prevent%20leadership%20hubris.pdf

Briviba, A., Scheidegger, F. und Frey, B.S. (2022b). Publikationsdruck und ökonomische Karriere. *Oekonomenstimme.* 26. Mai.

preisträgern der Wirtschaftswissenschaft[10,11] – aber der Publikationsdruck hat sich eher verschärft. Er wird heute von den Nachwuchsforschenden als Selbstverständlichkeit erachtet. Sie akzeptieren ihn als externe Autorität jenseits dessen, was Wissenschaft ausmacht, nämlich den Widerstreit von Meinungen über Relevanz, Rigorosität und Originalität wissenschaftlicher Erkenntnis.

Für diese Entwicklung dürfen nicht die jungen Forschenden verantwortlich gemacht werden. Vielmehr reagieren sie rational auf Rahmenbedingungen, die sie akzeptieren müssen, wenn sie eine akademische Karriere machen wollen.

Die Konsequenz: Sie müssen überlegen, womit sie am leichtesten eine Chance haben, die notwendigen Publikationen zu erreichen. Sie schätzen zutreffend ein, dass in der Regel Gutachter neue Ideen selten zu unterstützen bereit sind. Neues lässt sich notwendigerweise weniger präzis und elegant formulieren als Vertrautes und Bewährtes. Schnell wird der Vorwurf erhoben, die relevante Literatur ungenügend zu kennen oder es fehle die empirische Fundierung. Die Gegenüberstellung konkurrierender Theorien und neuer Ideen unterbleibt zugunsten theorieloser Datenhuberei und kleinteiliger Empirie[12] anstelle von Reflexionswissen. Als Folge lässt das wuchernde Autoritätsvirus die Wissenschaft in Gestalt des

---

[10] Akerlof, G. A. (2020.). Sins of Omission and the Practice of Economics. *Journal of Economic Literature*, 58 (2): 405-18.
[11] Heckman, JJ. and Moktan, S. (2020). Publishing and Promotion in Economics: The Tyranny of the Top Five. *Journal of Economic Literature*, 58 (2): 419-70.
[12] Angrist, J., Azoulay, P., Ellison, G.. Hill, R. und Feng Lu, S. (2017). Economic Research Evolves: Fields and Styles. *American Economic Review* 107 (5): 293–297.

Publikationsdrucks und der Rankings verarmen. «Publication as prostitution»[13] ist gängige Praxis.

Das Autoritätsvirus in der Wirtschaft

Jeffrey Sonnenfeld, ein Wirtschaftsprofessor der amerikanischen Yale-Universität, hat eine Liste erstellt, die in Form einer «hall of shame» oder «Liste der Schande» Unternehmen unter Druck setzt, welche sich den Boykottaufrufen gegenüber Russland wegen des völkerrechtswidrigen Angriffs auf die Ukraine widersetzen oder die ihre Aktivitäten in Russland aufrechterhalten. Diejenigen, die sich dem öffentlichen Druck widersetzen, wie etwa Nestlé oder Ritter Sport, sahen sich in den sozialen Medien einem Sturm an Hass-Nachrichten und Boykott-Aufrufen ausgesetzt.[14]

Auf dem Podium des Weltwirtschaftsforums in Davos zum Ukraine-Krieg befand sich kein einziger Vertreter eines westeuropäischen Landes, der die Wirtschaftssanktionen in Russland in Zweifel zog. Hier breitet sich ein neues Autoritätsvirus aus, diesmal in der sogenannten «freien Wirtschaft».

Die sozialen Medien fordern Gehorsam, sonst droht Reputationsverlust. Diskutiert wird nicht, ob Unternehmen überhaupt demokratisch legitimiert sind, politisch wirksame Aktionen vorzunehmen. Gefragt wird auch nicht, ob Unternehmen abwägen sollten, ob solche

---

[13] Frey, B.S. (2003). Publishing as Prostitution? – Choosing Between One's Own Ideas and Academic Success. *Public Choice, 116*(1), 205-223.

[14] Gross, S. (2022). Diese Firmen machen weiter Geschäfte mit Russland. *Handelszeitung* https://www.handelszeitung.ch/unternehmen/hall-of-shame-diese-firmen-machen-weiter-geschafte-in-russland

Sanktionen die gewünschte Wirkung entfalten. Dies ist nämlich völlig ungewiss.

Einer von uns, Bruno S. Frey, hat schon 1984 darauf hingewiesen, dass staatliche Wirtschaftssanktionen in den meisten Fällen gescheitert sind.[15] Das mag weniger für Sanktionen gelten, welche in erster Linie die herrschenden Cliquen treffen, wie der Lausanner Ökonom Dominic Rohner argumentiert[16], weil grosse Öl- und Gasvorkommen die Oligarchen und deren korrupte Netzwerke begünstigen. Schnelle und umfassende staatliche Embargos von Lieferungen fossiler Brennstoffe aus Russland schwächen deren Einfluss wirkungsvoll.

Staatliche Massnahmen sind darüber hinaus oftmals das Ergebnis eines demokratisch legitimierten Entscheidungsprozesses. Davon deutlich zu unterscheiden sind die Sanktionen von Seiten der Unternehmen, welche die breite Bevölkerung treffen: Das Ausbleiben von Medikamenten, Saatgut, Waschmaschinen, Schokolade oder Hamburgers in Russland ist nicht das Ergebnis sorgfältiger politischer Abwägungen. Diese Massnahmen könnten nämlich sogar eine noch stärkere Identifikation mit Putins Regime hervorrufen und die Abhängigkeit von Staatsbetrieben erhöhen. Darauf weisen zahlreiche historische Erfahrungen hin.

Doch anstatt diese Erkenntnisse zu berücksichtigen und sich entsprechend zurückzuhalten, beugen sich Unternehmen dem Druck einiger lauter Aktivisten, den

---

[15] Frey, B.S. (1984). Are Trade Wars Successful?, in: Ders. International Political Economics, Oxford & Cambridge, Mass, Basil Blackwell, S. 103-121.

[16] Eisenring, Ch. und Fuster, Th. (2022). Demokratien ziehen nicht gegen andere Demokratien in den Krieg. Interview mit Dominic Rohner, NZZ 7.4.2022. https://www.nzz.ch/wirtschaft/welthandel-friedensfoerdernd-solange-es-nicht-um-gas-und-oel-geht-ld.1677815

diese öffentlichkeitswirksam und oftmals mit der Unterstützung vieler klassischer und sozialer Medien erzeugen. Sie legitimieren dies womöglich noch mit «Corporate Social Responsibility»[17] und verstärken auf diese Weise dieses Autoritätsvirus.

Folgerungen

Das Autoritätsvirus hat viele Länder der Welt erfasst. Dies gilt jedoch nicht nur für Staaten, die autoritär oder diktatorisch geführt sind, sondern zunehmend auch für demokratische Länder. Selbst die Schweiz mit ihren direkt-demokratischen Institutionen ist dagegen nicht gefeit. Die Wissenschaft beugt sich unsinnigen internationalen Qualitätskriterien wie den Rankings und die Wirtschaft unterwirft sich dem moralisierenden Druck von Seiten der populären Presse und der sozialen Medien. Sie greift darüber hinaus ohne demokratische Legitimation in die Politik ein. Der für eine freiheitliche und offene Gesellschaft essentielle kritische Diskurs wird unterdrückt.

Wir haben in unserem Beitrag die Ausbreitung des Autoritätsvirus in zwei wichtigen Bereichen der Gesellschaft analysiert, die üblicherweise als unabhängig gelten, der Wissenschaft und der sogenannt freien Wirtschaft. Eine Wissenschaft, die unterschiedliche Meinungen unterdrückt, stagniert. Dasselbe gilt für wirtschaftliche Unternehmungen, welche sich einem starken Konformitätsdruck aussetzten. Beides hemmt den Wettbewerb und den Fortschritt. Wie Finkielkraut es treffend aus-

---

[17] Beschorner, Th., Palazzo, G. und Seele, P. (2022). Verantwortung von Unternehmen. Raus aus Russland. Jetzt. In: Zeit Online. https://www.zeit.de/wirtschaft/unternehmen/2022-03/russland-krieg-verantwortung-unternehmen-ukraine

drückt: Anstelle einer Auseinandersetzung zwischen unterschiedlichen Ideen «ersetzt Exkommunikation die Kommunikation».[18]

Stellt sich eine einzelne Person dieser Entwicklung entgegen, wird sie kaum Erfolg haben. Vielmehr müssen *gesellschaftliche Institutionen* aufrechterhalten und neue geschaffen werden, die einen offenen Diskurs unterschiedlicher Meinungen gewährleisten und fördern.

Innerhalb der *Wissenschaft* wären dies Massnahmen, welche die Unabhängigkeit der Forschenden, die Diversität der Meinungen und den Wettbewerb der Ideen stärken. Dazu gehört zum Beispiel, dass wissenschaftliche Beurteilungen – sei es für Berufungen oder für die Vergabe von Ressourcen – welche sich auf Positionen in Rankings berufen, nicht mehr akzeptiert werden. Stattdessen müssen inhaltliche Argumentationen über die Qualität einer wissenschaftlichen Arbeit eingefordert werden.

In den vielen Fällen, in denen die Beurteilungsgremien keine Einigkeit erzielen können oder die Qualitätsunterschiede sehr gering sind, haben wir ein qualifiziertes Losverfahren vorgeschlagen, d.h. ein Losverfahren nach einer Vorauswahl.[19] Solche Losverfahren sind mittlerweile von einigen wichtigen wissenschaftlichen Institutionen zumindest teilweise eingeführt worden, z.B. dem Schweizerischen Nationalfonds[20] oder der VW-

---

[18] Finkielkraut, A. (2021). *Ich schweige nicht. Philosophische Anmerkungen zur Zeit.* München: Langen Müller Verlag. S. 14, 135.
[19] Osterloh, M. und Frey, B.S. (2020). How to avoid borrowed plume in academia. *Research Policy* 49 103831.
[20] Schweizer Nationalfonds (2021). http://www.snf.ch/de/fokusForschung/newsroom/Seiten/news-210331-das-los-kann-entscheiden.aspx

Stiftung[21]. Diese Verfahren sind nicht nur fairer, sondern sie unterlaufen alle Formen der Hierarchisierung und damit auch die Ausbreitung des Autoritätsvirus. Sie stellen – nach erfolgter Vorauswahl – Chancengleichheit her, machen die Gewinner im Losverfahren bescheidener[22] und erhöhen die Diversität der Kandidierenden und Meinungen.[23]

In der *Wirtschaft* ist die beste Gegenmassnahme gegen das Autoritätsvirus die Stärkung des Wettbewerbs anstelle eines ideologisch gleichgeschalteten «woke capitalism», der auf eine Form des «Stakeholder-Kapitalismus» hinausläuft und damit in erster Linie Sonderinteressen zudienen soll, anstatt der Allgemeinheit. So entgehen Firmen der Gefahr, dass die Vielfalt der Bedürfnisse von Kunden und der Belegschaft übersehen wird.

Die *Gesellschaft* insgesamt muss aktiv nach Möglichkeiten suchen, den Einfluss der Autoritäten zu begrenzen. Eine wichtige Massnahme wäre die breitere Anwendung direkter Volksabstimmungen auch ausserhalb der Schweiz. Es ist nicht überraschend, dass sich in grossen Nationalstaaten wie Frankreich und Deutschland die Berufspolitiker energisch dagegen wehren. Sie sind über-

[21] Volkswagenstiftung (2018). *Dem Zufall eine Chance geben.* https://www.volkswagenstiftung.de/aktuelles-presse/aktuelles/dem-zufall-eine-chance-geben

[22] Berger, J., Osterloh, M., Rost, K. und Ehrmann, T. (2020). How to prevent CEO hubris? Comparing selections, lotteries, and their combination. *Leadership Quarterly* 101388. https://doi.org/10.1016/j.leaqua.2020.101388

[23] Frey, B.S., Osterloh, M. und Rost, K. (2020). Zufallsentscheidungen in Management, Forschung und Politik. *Ökonomenstimme*, 27.10.2020. https://www.oekonomenstimme.org/artikel/2020/10/zufallsentscheidungen-in-managment-forschung-und-politik/

zeugt, alles besser als die Bürger zu wissen, obwohl dies höchst fraglich ist.[24]

Ebenso wichtig ist ein föderativer Staat, weil hier ein Wettbewerb der Ideen leichter möglich ist und die Bürger auf lokaler Ebene grösseren Einfluss ausüben können.

Eine weitere Möglichkeit ist die Einführung der sogenannten Aleatorischen Demokratie (von lateinisch alea = Würfel), d.h. einer politischen Kammer, deren Mitglieder per Zufall aus der gesamten Bevölkerung ausgelost werden.[25] Dieses Verfahren wurde von Aristoteles als die einzig wahrhaft demokratische Institution bezeichnet, weil es alle Formen von Machtkonzentration unterbindet. Wir sollten bei der Bekämpfung des Autoritätsvirus von Aristoteles lernen.

---

[24] Zimmer, O. und Frey, B.S. (2022). *Mehr Demokratie wagen*. Erscheint demnächst im Aufbau Verlag Berlin.

[25] Frey, B.S. & Osterloh, M. (2016). Aleatorische Demokratie. *Ökonomenstimme*. https://www.oekonomenstimme.org/artikel/2016/12/aleatorische-demokratie/

ZUSAMMENFASSUNG

Die wichtigsten Erkenntnisse im Überblick

Unterscheidung diverser wissenschaftlicher Methoden

- Die Wissenschaft kann nach verschiedenen Methoden kategorisiert werden:
- Es gibt die «erfahrungsunabhängigen Wissenschaften», die nicht empirisch getestet werden können – oder müssten –, mit Immanuel Kant können wir sie die A-priori-Wissenschaften nennen, weil sie «von vornherein» gültige Aussagen enthalten, also Tautologien. Zu diesen A-priori-Wissenschaften zählt neben der Mathematik und der Logik auch die Praxeologie, also die Wissenschaft von der Logik des Handelns.
- Die empirischen Wissenschaften können in die *Naturwissenschaften* und die wissenschaftliche Methode des *eigentümlichen Verstehens* unterteilt werden.

Naturwissenschaften

- Ausschlaggebendes Kriterium für die Testbarkeit empirisch-naturwissenschaftlichen Wissens ist nicht, ob eine Annahme falsifizierbar ist. Man könnte hier genauso gut von Verifizierbarkeit sprechen. Falsch und wahr sind zwei Seiten einer Medaille. Karl Popper (1902-1994) meinte, eine (empirische) wissenschaftliche Annahme lasse sich zwar niemals als wahr erweisen, wohl aber als falsch widerlegen. Aber ebenso wie uns nichts, was wir aus Erfahrung wissen können, für alle Zukunft gewiss erscheinen kann, muss das, was heute falsch ist, morgen auch noch falsch sein. Während heute noch die Hypothese «alle Schwäne sind weiss» stimmen mag, ist sie morgen falsch, sobald auch nur ein einziger schwarzer Schwan entdeckt wurde. Übermorgen wiederum kann sie wieder richtig sein, wenn es – auf Grund sonstwelcher biologischer oder geologischer Umstände – keine schwarzen, sondern nur noch weisse Schwäne gibt.

- Für die Testbarkeit einer naturwissenschaftlichen Hypothese ist entscheidend, dass prinzipiell jedermann jederzeit die Tests wiederholen kann und dass sich die massgeblichen Ursachen für die konstanten Zusammenhänge isolieren lassen. Ohne Isolierung der massgeblichen Ursachen und Wirkungen ergibt sich keine (annähernd) exakte Wiederholbarkeit.

- Naturwissenschaften liefern also kein absolut sicheres Wissen. Die wissenschaftlichen und ingenieursmässigen Methoden von Naturwissenschaft und Technik geniessen bei den Menschen allerdings zurecht ein hohes Vertrauen, weil sie viele für die Praxis zuverlässige Erkenntnisse hervorgebracht haben. Die mit den Methoden von Naturwissenschaft und Technik gewonnenen Erkenntnisse liefern lediglich relativ «sicheres» Wissen, wenn man sie mit den «weicheren Methoden» vergleicht, also der «Soft Science» des eigentümlichen Verstehens.

Eigentümliches Verstehen und Mutmassen

- Während es bei den Naturwissenschaften um objektiv testbare Zusammenhänge zwischen äusseren (metrischen, also mess- oder zählbaren) Grössen geht, kommt mit der wissenschaftlichen Methode des *Verstehens* ein subjektives Element ins Spiel, nämlich das eigentümliche (meint: persönliche oder subjektive) Relevanzurteil. Das Verstehen ist die klassische Methode der empirischen Geisteswissenschaften, der Sozial- und Geschichtswissenschaften.

- Sofern mit der Methode des Verstehens aufgestellte Thesen nicht gegen eine der vorgenannten «harten» Wissenschaften «verstossen», verbleibt ein persönliches Element, das nicht nach einem objektiven Standard testbar ist. Das ist genau der Grund, warum die Analysen der Historiker, der Soziologen oder der empirischen Volkswirte so weit auseinandergehen.

- Der geschichtliche Prozess ist unumkehrbar fortschreitend und nicht wiederholbar. Es wirken viele Ursachen zusammen, die nicht isoliert werden können. Es ist ein komplexer Prozess mit Rückkoppelungen.

- Zudem sind uns im Bereich des Verstehens manchmal zwar einige Faktoren bekannt, die wir für bedeutsam für ein gewisses Ereignis halten, aber oft nicht alle. Und der Streit darüber, welches die relevanten Faktoren sind und wie relevant diese Faktoren sind, lässt sich nicht nach überpersönlichen Kriterien entscheiden, weil es viele verschiedene Ursachen gibt, diese nicht isolierbar sind und das Geschehen oder «die Krise» nicht wiederholbar sind.

- Sofern Annahmen nicht die Analyse der Vergangenheit betreffen, sondern künftiges Geschehen, können wir anstatt von *Verstehen* von *Mutmassen* sprechen. Doch selbst das informierte Mutmassen der Experten, die in ihrem Metier über besonders viel Expertise und Renommee verfügen, führt keineswegs zu sicherem Wissen. Gerade Expertenmeinungen gehen oft diametral auseinander. Informiertes Mutmassen und Verstehen kann man gegenüber den vorgenannten «harten Wissenschaften» deshalb auch als «Soft Science» bezeichnen, da mit dieser Methodik keine vergleichbare, über-individuelle Gewissheit zu erlangen ist.

Wissenschaften mit kombinierter Methodik

* Heute werden einige Wissenschaftszweige grobschlächtig den Naturwissenschaften zugeordnet, obwohl es sich um eine kombinierte Methode aus dem *Verstehen* der Geisteswissenschaften und dem objektiven, wiederholbaren und isolierbaren Testen der *Naturwissenschaften* handelt. Zu diesen Hybrid-Wissenschaften mit kombinierter Methodologie gehören beispielsweise die heutigen Klimawissenschaften, die Meteorologie und die Wissenschaften, die sich mit dem Verlauf von Krankheitswellen befassen.

* Beim Erdklima handelt es sich z.B. um ein komplexes geschichtliches Phänomen mit Rückkoppelungen. Wie bedeutsam der Faktor «menschliche CO_2-Emmissionen» im Hinblick auf Temperatur und Meeresspiegel ist, lässt sich nicht zweifelsfrei feststellen, weil Daten, die aus historischen, komplexen Phänomenen mit Rückkoppelung gewonnen werden, von vornherein nicht Beweis für kausale Zusammenhänge erbringen können.

* Auch bei den Mutmassungen im Zusammenhang mit den staatlichen Zwangsmassnahmen im Hinblick auf die Krankheitswelle «Corona» haben wir es mit informierten eigentümlichen, also subjektiven

Mutmassungen zu tun. Auch hier kamen verschiedene Experten zu verschiedenen Mutmassungen im Hinblick auf Ansteckung, Gefährlichkeit und welche Massnahmen zu ergreifen wären.

- Das Virus wurde mit verschiedenen Tests aufgespürt und schon im Hinblick auf die Aussagefähigkeit der Tests gab es unterschiedliche Experten-Meinungen. Zudem war fraglich, ob jemand an oder mit Corona verstorben sei, weil Vorerkrankungen eine Rolle spielten. Darüber hinaus steckten sich nicht alle an, die mit Infizierten in Kontakt kamen, was ebenfalls unterschiedlich interpretiert wurde. Und auch bei einer Krankheitswelle fehlt es an der Wiederholbarkeit und der Isolierbarkeit der Zusammenhänge zwischen Grössen. Es handelt sich bei einer Pandemie daher ebenfalls um ein komplexes geschichtliches Phänomen mit Rückkoppelungen.

- Deshalb kann selbst im Nachhinein nicht gesagt werden, wer recht hatte. Denn welche Faktoren sich wie ausgewirkt haben, hängt eben von persönlichen Bedeutsamkeitsurteilen ab.

Scheinwissenschaftliche Politik-Begründungen

- Politiker versuchen, Zwangsmassnahmen im Namen des «Klimaschutzes» oder des «Gesundheitsschutzes» *wissenschaftlich* zu begründen, also Massnahmen wie etwa Energiesteuern, Produktverbote (Glühbirnen und Haushaltsstaubsauger mit hoher Leistung, Benzin- und Dieselautos), Maskenzwang, Impfzwang etc. Sie versuchen, den Gezwungenen nachzuweisen, dass diese selbst potenzielle Schädiger sind und dass sie, die Politiker, den Zwang einsetzen, um die so Bedrohten selbst und deren Mitmenschen vor Gefahren zu schützen.

- Zwangsanwendung ist aber selbst das Zufügen eines Übels. Wenn jemand behauptet, dass er den Zwang nur einsetzt, um Gefahren abzuwenden oder Schaden zu vergelten, dann muss er dies beweisen können. Ansonsten würde man ja mit Sicherheit Schaden zufügen, um nur einen eventuell möglichen Schaden abzuwenden oder eine womöglich gar nicht geschehene Tat zu vergelten. Es gilt der juristische Grundsatz *in dubio pro reo*, also im Zweifel für den Angeklagten. Wenn dem Bestraften nicht mit einer an Sicherheit grenzenden Wahrscheinlichkeit nachwiesen werden kann, dass er ein Schädiger ist, handelt es sich bei den politischen Massnahmen eben nicht um Vergeltung, sondern um einen Angriff.

- Die Zwangsanwender z.B. im Bereich der Klimapolitik und im Bereich der Pandemiebekämpfung können keine harten wissenschaftlichen Nachweise dafür erbringen, dass von den von ihnen Gezwungenen eine Schädigung ausgeht. Vielmehr handelt es sich um Mutmassungen, wobei die Beschuldigten ihre Unschuld hier genauso wenig beweisen können, wie man ihnen eine Schuld nachweisen könnte.

- Wenn staatliche Freiheitseinschränkungen jedoch auf Basis von Mutmassungen und dem Prinzip «Better-safe-than-sorry» erfolgen, kommt es zu unzähligen aggressiven Handlungen gegen friedliche Menschen, zu Gewalt, Chaos und Unfriede. Der Totalitarismus ist die logische Folge davon, dass die Methode des informierten Mutmassens in den Rang «gesicherten Wissens» erhoben wird.

«Follow the science» als unwissenschaftliches Credo

• Das heutige Programm «follow the science» ist ein anti-wissenschaftliches Programm, das sich den Namen von Wissenschaft gibt. Denn «follow the science» kann man als politisches Programm nur dann formulieren, wenn man die methodische Skepsis über Bord wirft.

• Die fälschlicherweise so genannte Wissenschaft ist im Grunde genommen nichts als ein politisches Programm. Es ist eine Ideologie, die als unbezweifelbare Wahrheit dargestellt wird, wobei sich deren Vertreter mit zweifelhaften Mitteln dagegen stemmen, dass man ihre Aussagen überprüfen darf.

• Experten sind nicht immer neutrale, unverzerrte und verlässliche Kommunikatoren des jeweiligen Stands der Wissenschaft. Auch Experten sind Menschen und können Fehlschlüsse ziehen. Ihre Politempfehlungen können aus privaten (z.B. finanziellen, sozialen, persönlichen oder politischen) Interessen erfolgen. Sie sind also stets mit Vorsicht zu geniessen.

Wie Konformität in der Forschung erwirkt wird

• Die Epoche nach 1950 war gekennzeichnet durch einen raketenartigen Anstieg staatlicher Forschungssubventionen. Es entwickelte sich ein Glaube an den natürlichen Zusammenhang zwischen der Höhe der Fördergelder und der Qualität der wissenschaftlichen Leistung, welcher sich als Irrglaube herausstellte.

• Staatliche Forschungsgelder vergrössern die Abhängigkeit der Forschung von der Politik. Gelder werden nicht primär an jene Forschende verteilt, welche die von der Politik propagierten und die ihnen nützlich erscheinenden Theorien in Zweifel ziehen, sondern vielmehr an jene, die diese bestätigen.

- Ein immer grösserer Teil der Wissenschaftler arbeitet mit befristeten Arbeitsverträgen. Die zum permanenten Zustand erhobene Befristung macht die Masse der prekären Wissenschaftler abhängig von ihren Vorgesetzten. Die Atmosphäre der Zukunftsunsicherheit trägt keineswegs zur Kreativität der Forscher bei; sie sichert aber die Macht der wenigen Unbefristeten, und vor allem der Abteilungs- und Institutsleiter über das Heer der Befristeten. Statt «frische Ideen» anzubieten, werden sie gezwungen, alle Konzepte und Theorien ihrer Chefs mit Begeisterung zu übernehmen, da ihre Existenz einzig und allein von der Gunst der Chefs abhängt, die über die Verlängerung der Arbeitsverträge befinden.

- Bedingungslose Konformität statt eigener Leistung wurde folglich zur einzigen Vorbedingung zum Aufstieg, und wehe dem jungen Forscher, der in seinem Experiment zu einem Ergebnis kommt, das die Hypothese des Vorgesetzten nicht bestätigt oder diese sogar widerlegt.

- Anfang der 1990er Jahre haben ca. 25 bis 30 Prozent der wissenschaftlichen Artikel in allen Fächern die Ausgangshypothese der Studie nicht bestätigt. Fünfzehn Jahre später waren es in MINT-Fächern (Mathematik, Informatik, Naturwissenschaft und Technik) nur 15 bis 20 Prozent, in den Biowissenschaften 10 bis 15 Prozent und in Sozialwissenschaften kaum mehr als 10 Prozent. Wenn jedoch fast alle Hypothesen bestätigt werden, wozu brauchen wir dann noch eine derartige Forschung?

Politischer Missbrauch der Wissenschaft

- Politischer Missbrauch von Wissenschaft findet immer dann statt, wenn Wissenschaft sich nicht darauf beschränkt, Tatsachen zu entdecken, sondern sich anmasst, Normen vorzugeben. Sie überschreitet dann die Trennlinie zwischen dem Aufdecken, *was der Fall ist*, und dem Vorschreiben, was der Fall *sein soll*.

- Sobald Wissenschaft die Politik «berät», ihr Anweisungen gibt, wird sie zu einer Kraft, die sich gegen den Rechtsstaat stellt: Die Entscheidungen darüber, was politisch geschehen soll, werden nicht mehr der Abwägung der Menschen überlassen, sondern an tatsächliche oder vermeintliche «Experten» delegiert.

- Eine Bedingung einer funktionierenden offenen Gesellschaft ist es, dass andere Meinungen und Ansichten toleriert werden, die der eigenen widersprechen. Es ist gefährlich, wenn andere Ansichten ausgemerzt werden (z.B. indem Meinungen auf sozialen Medien von Plattformbetreibern gelöscht und zensiert werden), selbst wenn dies im Namen der Wissenschaftlichkeit geschieht.

- Auch wenn das Ausmerzen anderer Ansichten mit der Absicht geschehen mag, der vermeintlich absoluten Wahrheit zum Durchbruch zu verhelfen, so geht dieser Standpunkt von einer unhaltbaren Prämisse aus: Nämlich, dass es eine Quelle gäbe, der wir unhinterfragt und jederzeit absolut Wahres entnehmen könnten.

- Dass es Fehlinformationen gibt, ist nicht an sich problematisch. Denn wo Menschen denken und sprechen, können sie auch irren. Problematisch ist, wenn die Räume kollabieren, in welchen Falsches widerlegt und Wahres bestätigt werden kann.

- Um sich der Feststellung zu nähern, was falsch ist und was wahr, braucht es offene Debatten, die sich dadurch auszeichnen, dass das Resultat nicht von vornherein klar ist. In ganz besonderer Weise gilt dies bei politischen Fragen, wo es dann nicht um Wahrheit oder Falschheit, sondern um Erwünschtheit oder Nichterwünschtheit geht.

- Antworten auf politische Fragen lassen sich nicht wissenschaftlich erzeugen. Solche Antworten müssen unter fairer Beteiligung aller Diskurswilligen entwickelt werden.

Universitäten als Ort der Wissenschaft in Gefahr

- Seit einigen Jahren leidet die Forschungs- und Meinungsäusserungsfreiheit an den Universitäten durch einen Polit-Aktivismus durch soziale Gruppen, die sich als Opfer von Ungerechtigkeit und gesellschaftlicher Benachteiligung verstehen.

- Rede-, Denk- und Diskussionsverbote werden an Universitäten propagiert und teils mit Drohung oder militanter Gewalt durchgesetzt. Unliebsame Forschende, die sich dem «Woke-Diktat» widersetzen, werden mit «Shitstorms» aus der Anonymität des Internets heraus eingedeckt. Studierende gehen mehr und mehr gegen unliebsame Professoren vor. Dies mit dem Argument, dass einige in ihren Gefühlen verletzt werden, wenn bestimmte Ansichten geäussert werden oder eine aus ihrer Sicht unpassende Sprache verwendet werde.

- Die Universität sollte aber gerade ein Ort der freien Rede sein, wo Studenten das Argumentieren und

Debattieren mit Andersdenkenden lernen. Werden diese Fähigkeiten verlernt, wachsen dadurch die gesellschaftliche Polarisierung, Spaltung und Intoleranz.

- Es ist zentral für den Erhalt der offenen Gesellschaft, dass die Verantwortlichen an den Universitäten die Forschungsfreiheit sowie lebendige Debatten ohne Denkverbote hochhalten und die Diffamierungs- und Zensurbestrebungen zurückweisen.

- Die gute Nachricht ist, dass der Tugendterror an Universitäten lediglich von einer radikalisierten Minderheit von selbsternannten Gesinnungswächtern ausgeht, die von der Mehrheit auch wieder zurückgedrängt werden könnte. Die meisten Menschen haben zwar keinen ausgeprägten Widerstandsgeist, sie sind aber keineswegs begeistert von dieser Kultur der Angst und Reglementierung, wie neue Umfragen zeigen. Bei ihnen wächst das Unbehagen. Die Stimmung könnte bald kippen.

Technokratie vs. Demokratie

- Eine funktionierende Demokratie setzt voraus, dass sich die gesellschaftlichen Eliten in sokratischer Bescheidenheit üben. Denn die Demokratie ist die institutionalisierte Form des Zweifels am eigenen Urteil. Dies erklärte Sokrates zur Tugend und begriff die Intellektuellen als Sucher der Wahrheit. Platon hingegen erachtete die intellektuelle Elite als deren alleinige Besitzer.

- Nicht ein Wertkonsens bildet das Kennzeichen der Demokratie, sondern der Streit der Meinungen. Auf dem Feld der Politik dient der demokratische Streit dem gleichen Ziel wie Hypothesen und deren (versuchte) Falsifizierung in der Wissenschaft: der Wahrheitssuche. Wahrheit in der Politik lässt sich nur als Resultat eines Wettstreits zwischen verschiedenen Positionen, Ideen, Werten und Interessen bestimmen. Eine liberale Demokratie hat nur dann Bestand, wenn sie dauerhaft verschiedene Lebenserfahrungen in sich aufzunehmen vermag.

• Die aufgeklärte Skepsis der gesellschaftlichen Eliten ist aus der Mode gekommen. An ihre Stelle tritt eine epistokratische Kultur, eine Herrschaft der «Wissenden». In intellektuellen und politischen Eliten greift ein Unbehagen um sich, wonach die Demokratie inkompetenten Bürgern ein politisches Mandat erteile, das ihnen aufgrund ihres bescheidenen Wissensstandes nicht zustehe. Supranationale Organisationen arbeiten aktiv daran, den Spielraum für demokratische Entscheidungsfindungen einzuschränken.

• Doch es ist ein Verdienst der Demokratie, dass sich der Zirkel der Debatte ausweitet. Sie ermöglicht den Bürgern nicht nur, ihre Sichtweise zu artikulieren und einzubringen. Sie setzt sie auch dem Risiko des Widerspruchs und der Widerlegung aus.

• Eine Epistokratie, eine Herrschaft der Wissenden, fördert eine Kultur der von oben verordneten Informationen anstelle der Informationsgewinnung im Wettbewerb. Wo sich diese Kultur festsetzt, öffnen sich die Schleusen für einen auf Scheinwahrheiten gebauten Totalitarismus.

DIE HERAUSGEBER

Olivier Kessler

Olivier Kessler ist Ökonom, Publizist und Direktor des Liberalen Instituts. Zuvor war er für mehrere Public-Affairs-, Medien- und Finanzunternehmen tätig. Kessler hat an der Universität St. Gallen International Affairs & Governance studiert. Er ist Stiftungsrat der Free Cities Foundation, Mitglied der Friedrich A. von Hayek Gesellschaft und der Jury zur Vergabe der Roland-Baader-Auszeichnung. Als Präsident des Vereins zur Abschaffung der Medienzwangsgebühren leitete er die Kampagne der liberalen «No-Billag-Initiative». Er veröffentlichte Beiträge unter anderem in der *Neuen Zürcher Zeitung, Finanz und Wirtschaft, Weltwoche, Basler Zeitung, Jungen Freiheit,* im *Tages-Anzeiger,* in *CH-Media*-Publikationen, auf *Finews,* auf der *Achse des Guten,* im *Schweizer Monat,* in *Le Temps* und beim *Ludwig von Mises Institut.* Kessler ist Co-Autor des Buches *64 Klischees der Politik: Klarsicht ohne rosarote Brille* (2020) sowie Autor und Mitherausgeber unter anderem der Bücher *Verlockung der Macht: Die Kunst, die offene Gesellschaft zu verteidigen* (2022) und *Liberalismus 2.0: Wie neue Technologien der Freiheit Auftrieb verleihen* (2021)

Peter Ruch

Peter Ruch ist pensionierter Pfarrer, Publizist und Stiftungsrat des Liberalen Instituts. Er hat eine Berufslehre als Radioelektriker (heute «Multimedia-Elektroniker») abgeschlossen. Nach technischer Berufstätigkeit folgte später Büroarbeit bei der Vormundschaftsbehörde im Kanton Basel-Stadt. Gleichzeitig besuchte er die Maturitätsschule für Erwachsene. Nach der Matura folgte ein Studium der evangelischen Theologie in Basel und Montpellier. Nach dem Lernvikariat war er rund zehn Jahre als Pfarrer in Pfyn-Weiningen (TG) tätig, dann siebzehn Jahre in Schwerzenbach (ZH), schliesslich bis zur Pensionierung in Küssnacht am Rigi (SZ). Seit 1988 ist er publizistisch tätig und ist heute Kolumnist bei der Weltwoche.

DIE AUTOREN

Ulrike Ackermann

Ulrike Ackermann ist Politikwissenschaftlerin und Soziologin. Sie gründete 2009 und leitet seitdem das John Stuart Mill Institut für Freiheitsforschung. 2008 wurde sie als Professorin berufen und lehrte bis 2014 Politische Wissenschaften mit dem Schwerpunkt «Freiheitsforschung und Freiheitslehre» in Heidelberg. 2002 gründete und leitete sie das Europäische Forum an der Berlin Brandenburgischen Akademie der Wissenschaften. Sie ist Mitbegründerin des Netzwerks Wissenschaftsfreiheit und Autorin unter anderem von folgenden Büchern: *Die neue Schweigespirale. Wie die Politisierung der Wissenschaft unsere Freiheit einschränkt* (2022), *Das Schweigen der Mitte. Wege aus der Polarisierungsfalle* (2020) und *Eros der Freiheit. Plädoyer für eine radikale Aufklärung* (2008, Neuauflage als E-Book 2021).

Michael Esfeld

Michael Esfeld ist seit 2002 Professor für Wissenschaftsphilosophie an der Universität Lausanne. Zuvor war er Professor für Erkenntnistheorie an der Universität zu Köln, Heisenberg-Stipendiat der Deutschen Forschungsgemeinschaft an der Universität Konstanz und Lecturer in Philosophy an der University of Hertfordshire. Esfeld ist seit 2010 Mitglied der Leopoldina, der deutschen nationalen Akademie der Wissenschaften und seit 2021 Mitglied im Akademischen Beirat sowie 2022 im Stiftungsrat des Liberalen Instituts. 2013 erhielt er den Forschungspreis der Alexander-von-Humboldt-Stiftung, 2008 den Preis der Cogito-Stiftung. Seine Forschungsgebiete sind die Philosophie des Geistes und die Philosophie der Naturwissenschaften, insbesondere der Physik. Zuletzt ist von ihm erschienen: *Wissenschaft und Freiheit* (2019). Seine Homepage lautet: www.michaelesfeld.com.

Bruno S. Frey

Bruno S. Frey ist seit 2015 ständiger Gastprofessor an der Universität Basel sowie Gründungsmitglied und Forschungsdirektor des Center for Research in Economics, Management and the Arts (CREMA) in Zürich. 1970-2011 war er ausserordentlicher Professor an der Universität Basel, 1970-1977 ordentlicher Professor für Finanzwissenschaft an der Universität Konstanz, danach Visiting Research Professor an der Graduate School of Business der University of Chicago, Professor für Volkswirtschaftslehre an der Universität Zürich sowie Distinguished Professor of Behavioural Science an der Warwick Business School der University of Warwick und Senior Professor für Politische Ökonomie an der Zeppelin Universität Friedrichshafen. 2012 wurde ihm vom Liberalen Institut der Röpke-Preis für Zivilgesellschaft verliehen. Er ist Autor von 30 Büchern in den Themen Ökonomik der Umwelt, Politik, Verhalten, Glück, Auszeichnungen und Künste. Seine Homepage lautet: www.bsfrey.ch.

Stefan Kooths

Stefan Kooths ist Direktor des Forschungszentrums Konjunktur und Wachstum am Institut für Weltwirtschaft in Kiel, Professor für Volkswirtschaftslehre an der BSP Business School Berlin und Vorsitzender der Friedrich A. von Hayek-Gesellschaft. Er ist ausserdem Mitglied im Akademischen Beirat des Liberalen Instituts. Kooths studierte und promovierte an der Universität Münster. Er war dort zunächst Assistent am «Institut für industriewirtschaftliche Forschung» und später Geschäftsführer des «Muenster Institute for Computational Economics». Zuletzt ist von ihm erschienen: *Marktwirtschaft: Wohlstand, Wachstum, Wettbewerb* (2020).

Boris Kotchoubey

Boris Kotchoubey ist Professor am Institut für Medizinische Psychologie und Verhaltensneurobiologie an der Universität Tübingen. Er promovierte 1983 in Moskau und habilitierte 2002 in Tübingen. Seine Forschungsschwerpunkte liegen in den Bereichen Bio- und Neuropsychologie, Bewusstsein und Bewusstseinsstörungen, kognitive Neurowissenschaft und Selbstregulation des Gehirns. 1999 wurde er mit dem Grossen Medienpreis DigiGlobe ausgezeichnet.

Margit Osterloh

Margit Osterloh ist ständige Gastprofessorin an der Universität Basel, em. Professorin an der Universität Zürich, Gründungsmitglied und Forschungsdirektorin des Center for Research in Economics, Management and the Arts (CREMA) in Zürich. Zuvor war sie ordentliche Professorin an der Warwick Business School an der University of Warwick, danach Gastprofessorin an der Zeppelin Universität in Friedrichshafen. Sie war Mitglied des Deutschen Wissenschaftsrats. Seit 2015 ist sie Mitglied des Universitätsrats der Universität Erlangen-Nürnberg. Sie hatte mehrere Aufsichts- und Verwaltungsratsmandate in der Schweiz und in Deutschland und ist Ehrendoktorin der Leuphana Universität Lüneburg. Ihre Forschungsgebiete sind Corporate Governance, Research Governance, Gender Economics, Migration und aleatorische Demokratie.

Julian Reiss

Julian Reiss ist Professor und Leiter des Instituts für Philosophie und Wissenschaftstheorie der Johannes Kepler Universität Linz. Er hat Wirtschafts- und Finanzwissenschaften der Universität St. Gallen studiert, später an der London School of Economics in Wissenschaftsphilosophie promoviert und u.a. an der Columbia University, der Erasmus Universität Rotterdam und der University of Durham gearbeitet. Seine Forschungsschwerpunkte sind Methoden der Wissenschaften (insbesondere Kausalität und wissenschaftliche Begründung, Modelle, Simulationen und Gedankenexperimente), Wirtschaftsphilosophie sowie die Rolle der Wissenschaft in der Gesellschaft. Er ist Autor von *Error in Economics: Towards a More Evidence-Based Methodology* (2008), *Philosophy of Economics: A Contemporary Introduction* (2013), *Causation, Evidence, and Inference* (2015) sowie von etwa 70 Artikeln in

führenden wissenschaftlichen Zeitschriften und Herausgeber-
bänden.

Philippe Schultheiss
Philippe Schultheiss ist seit 2019 selbständiger Berater, Ritu-
albegleiter und Publizist. Er präsidiert seit 2020 das Parlament
der reformierten Kirchgemeinde Zürich und macht seit 2021 an
der Universität Zürich die Quereinsteiger-Ausbildung zum
Pfarrer. Zuvor absolvierte er Studien in Philosophie und Wirtschaft mit Schwerpunkt Wirtschaftsethik und arbeitete unter
anderem in Start-Ups und in der Bundesverwaltung.

Thilo Spahl
Thilo Spahl ist Wissenschaftsjournalist, Redakteur beim Maga-
zin Novo und Buchautor. Zwei seiner Bücher waren auf der
Spiegel-Bestsellerliste und wurden in mehrere Sprachen
übersetzt. Eines wurde in Deutschland als Wissensbuch des
Jahres ausgezeichnet. Zuletzt von ihm erschienen ist der Sam-
melband *Sag, was Du denkst! Meinungsfreiheit in Zeiten der
Cancel Culture (2021)*.

Andreas Tiedtke
Andreas Tiedtke ist Rechtsanwalt, Unternehmer und Autor. Er
ist Vorstand des Ludwig von Mises Instituts Deutschland und
publizierte zahlreiche Artikel zur Österreichischen Schule und
deren Methode. Darin befasst er sich mit der Anwendung der
Handlungslogik und der Erkenntnistheorie auf aktuelle
Fragestellungen menschlichen Handelns. Für ihn ist dabei von
Interesse, welche überindividuellen Regeln für das menschli-
che Handeln gelten. Im Mai 2021 erschien sein Buch *Der
Kompass zum lebendigen Leben*.

Oliver Zimmer
Oliver Zimmer (PhD. LSE, 1999) war von 2005 bis 2021 Professor für Moderne Europäische Geschichte an der University of
Oxford. Seit Januar 2022 ist er Forschungsdirektor am Center
for Research in Economics, Management and the Arts

(CREMA) in Zürich. Zu seinen Publikationen gehören *A Contested Nation: History, Memory and Nationalism in Switzerland 1761-1891* (Cambridge 2003*), Remaking the Rhythms of Life: German Communities in the Age of the Nation-State* (Oxford 2013), *Wer hat Angst vor Tell? Unzeitgemässes zur Demokratie* (Basel 2020). Ein Buch, das er mit Bruno S. Frey verfasst hat, erscheint Anfang 2023 beim Aufbau-Verlag in Berlin: *Mehr Demokratie wagen. Teilhabe für alle.*

DAS LIBERALE INSTITUT

Das 1979 gegründete Liberale Institut verfolgt das Ziel der Erforschung freiheitlicher Ideen. Das Institut fördert die Schweizer Tradition und Kultur individueller Freiheit, des Friedens und der politischen Vielfalt und setzt sich für die Weiterentwicklung der liberalen Geistestradition ein. Privatautonomie auf der Basis von Eigentum und Vertrag und der freie Austausch von Ideen und materiellen Gütern auf offenen Märkten in einer dezentralen Ordnung stehen dabei im Mittelpunkt.

Als unabhängige, privat finanzierte Stiftung befasst sich das Liberale Institut mit den grundlegenden Fragen der Gegenwart und Zukunft und bereichert damit die öffentliche Debatte mit zivilgesellschaftlichen und marktwirtschaftlichen Perspektiven.

Edition Liberales Institut ist die Buchverlagsaktivität des Liberalen Instituts. Zuletzt erschienen hier die Bücher

- *Verlockung der Macht: Die Kunst, die offene Gesellschaft zu verteidigen* (2022)
- *Liberalismus 2.0: Wie neue Technologien der Freiheit Auftrieb verleihen* (2021)
- *Null-Risiko-Gesellschaft: Zwischen Sicherheitswahn und Kurzsichtigkeit* (2021)
- *Mutter Natur und Vater Staat: Freiheitliche Wege aus der Beziehungskrise* (2020)
- *64 Klischees der Politik: Klarsicht ohne rosarote Brille* (2020)

Liberales Institut
Hochstrasse 38
8044 Zürich, Schweiz
www.libinst.ch
institut@libinst.ch